Nur ein paar Stündchen

Nix wie raus, ganz schnell ins Grüne. Auch mit wenig Zeit lässt sich Großartiges erleben. Kleine und große Abenteuer warten direkt vor der Haustür.

4H

Raus für einen Tag

Man muss nicht das Land verlassen, um neue Welten zu entdecken. Einfach mal einen Tag lang raus aus dem Alltagsallerlei und rein in die Natur.

12H

Ferien für ein Wochenende

Warum auf die große Auszeit warten, wenn man einen Wochenendtrip in der Nähe machen kann? Vergnügen, Abenteuer und Wohlgefühl kompakt und intensiv.

36H

LIEBE LESERIN, LIEBER LESER,

manchmal muss man einfach ans Meer fahren – und den Blick am Horizont einhaken, die Nase in den Wind halten, die Zehen in den Sand graben. Das Glück, es liegt am Strand. Man muss es gar nicht lange suchen.

Natürlich kann man sich direkt in den Sand fallen lassen und einfach mal nichts tun. Oder man macht sich auf. Nimmt vielleicht das Fahrrad, das Kanu, das Surfbrett, das Pferd. Entdeckt geheimnisvolle Wälder, versteckte Schlösser, verbotene Inseln, wildschöne Strände. Und dabei vielleicht sogar den Künstler in sich – die Küste hat schließlich schon so manchen Kreativen inspiriert.

Und während man sich bewegt, bleibt das Glück nicht träge am Strand zurück. Es kommt mit – und wird immer größer.

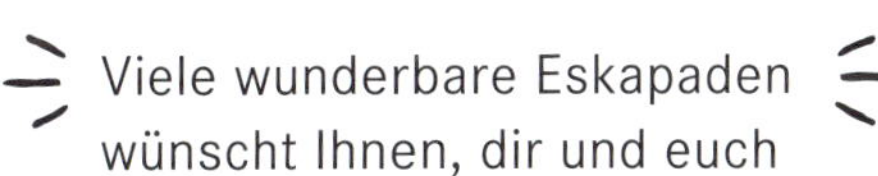

Viele wunderbare Eskapaden wünscht Ihnen, dir und euch

PS: Informationen zum GPX-Download gibt's auf Seite 224.

AUSZEIT.
ABENTEUER.
LEBENSFREUDE.

1. KAPITEL ABSTECHER

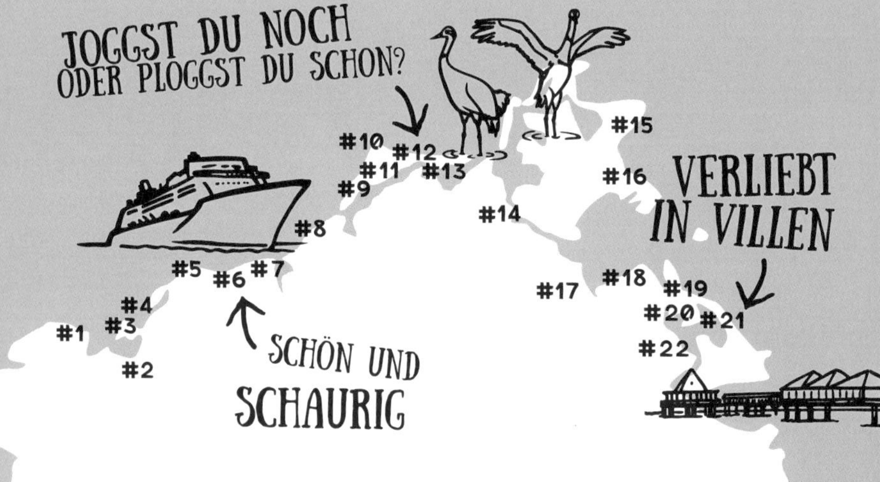

Abenteuer

ESKAPADEN

AUSZEIT

AUSGLEICH

Wochenende

LÄCHELN

STADT. LAND. FLUSS.

FREE

LEICHTIG-
KEIT

ERLEBEN

GRÜN

kleine
Fluchten

Wege

Lebensfreude

NATUR

GLÜCK

von Cornelia Jeske

Nur ein paar Stündchen

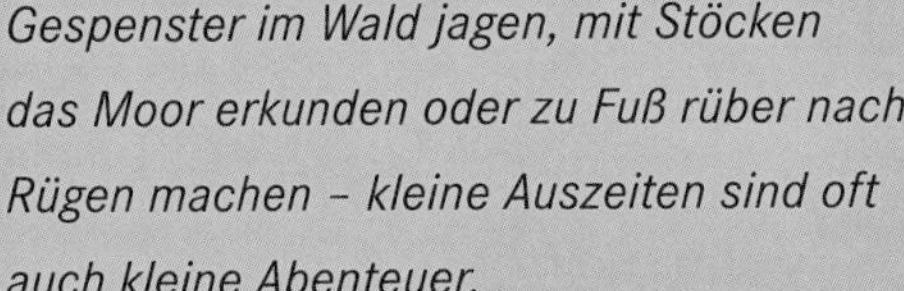

Gespenster im Wald jagen, mit Stöcken das Moor erkunden oder zu Fuß rüber nach Rügen machen – kleine Auszeiten sind oft auch kleine Abenteuer.

4H

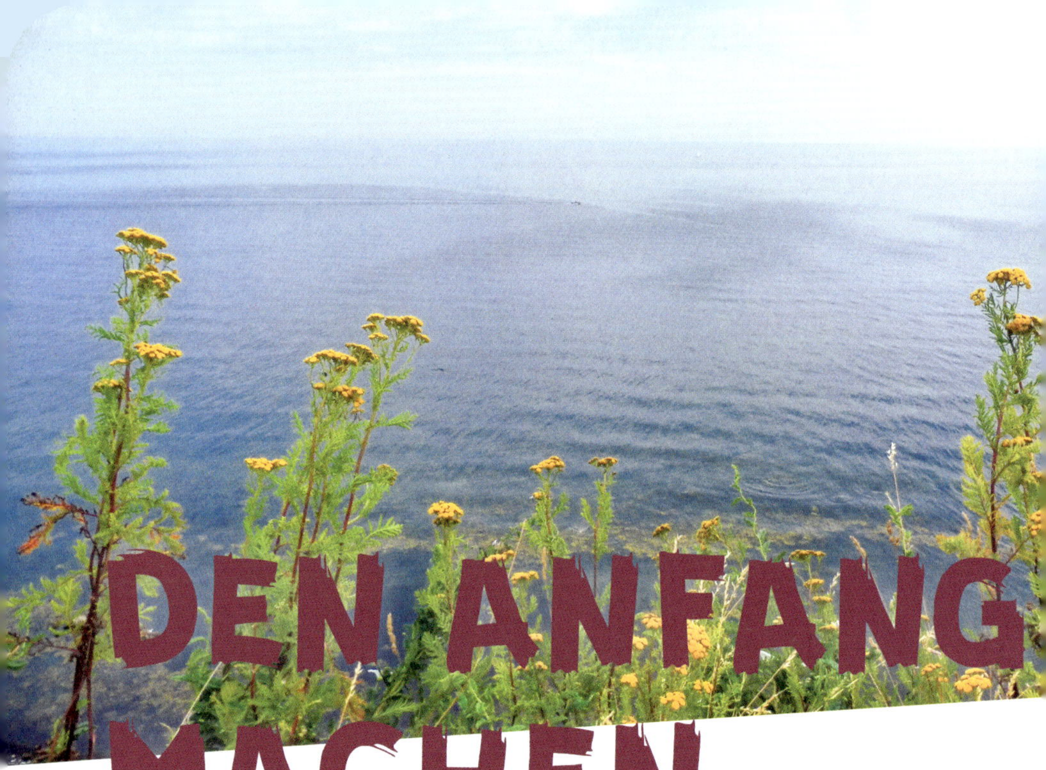

DEN ANFANG MACHEN

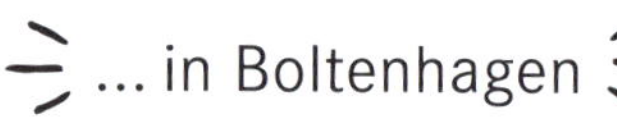

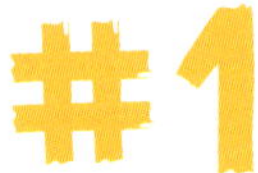

... in Boltenhagen

#1 *Wo geht's los? Natürlich in Boltenhagen. Denn hier nahm so einiges seinen Anfang. Der Bäderbetrieb an der Küste vor allem. Und für so manchen ein ganz neues Leben. Also auf zu einem Strandspaziergang mit anschließendem Villenwalk.*

#allesaufAnfang #Luftmatratze #rausaufsMeer #WalkwithaView

Badekarren und gestreifter Einteiler – Erinnerungen an die Anfänge des Badeorts.

→ ABSTECHER …

Es gibt viele Arten zu starten. Langsam oder schnell. Bedacht oder kopflos. Mit Muße oder von Eile getrieben. Für die Menschen, die hier einst am westlichsten Strand der DDR in ein neues Leben aufbrachen, musste es schnell gehen: durch das Wasser nach Westen, vorbei an den rastlosen Kegeln der Suchscheinwerfer. So manchem gelang die Flucht, vielen jedoch nicht.

An die Republikflüchtlinge von einst erinnert heute ein Gedenkstein an der Seebrücke. »Über der Ostsee leuchtete für uns das Licht der Freiheit«, steht darauf. Hier beginnt diese Tour, und sie führt als Erstes direkt auf die 290 Meter lange Brücke. Im Sommer fallen unten auf dem Wasser die vielen Luftmatratzen auf. Als würden sie eifrig nachholen, was lange verboten war: In der DDR galten die

aufblasbaren Schwimmhilfen als potenzielle Fluchthelfer. Verdächtig machte sich übrigens auch, wer abends an den Strand wollte. Wer dann keinen Ausweis dabei hatte, bekam schnell Probleme.

Heute werden auf der Seebrücke keine Ausweise mehr kontrolliert – dafür Kurbeiträge abgeknöpft. Der Mann auf der Brücke hat immer einen flotten Spruch auf den Lippen und Tipps parat.

An ihm vorbei geht es runter an den Strand und ein Stück den Terrainkurweg I entlang, einem von vier verschiedenen Routen für »heilklimatisches Gehen und Wandern« in Boltenhagen. Na dann: Beim Laufen tief einatmen und die gesunde Luft in die Lunge holen.

Und mit jedem Schritt in Gedanken ein bisschen rückwärts gehen: zurück in die Vergangenheit dieses Ortes. Da kann man weit laufen, denn die Geschichte ist lang. Boltenhagen ist eines der ältesten Seebäder der Ostsee. Es war das dritte, um genau zu sein, nach Heiligendamm und Travemünde: 1803 ließ Graf von Bothmer hier einen ersten Badekarren

---

Hin & weg: Boltenhagen ist per Bus zu erreichen (ab Wismar: Linie 240; ab Grevesmühlen: Linien 320/321/345). Von der Haltestelle Am Kurhaus ist es nicht weit bis zur Seebrücke.

Beste Zeit: Ganzjährig schön. Badewetter bringt natürlich einen besonderen Reiz.

Dauer & Strecke: 2–3 Std., ca. 10 km.

Ausrüstung: Turnschuhe. Im Sommer Luftmatratze.

Einst verboten, heute ein umso größeres Vergnügen: Baden mit Luftmatratze.

auf den Strand schieben. In der Nähe der Bäk stand der, dieses kleinen Bachs, der auf dieser Tour nun rechterhand in die Ostsee fließt. Bald darauf endet der Strand und es beginnt die Steilküste. Bis auf 35 Meter geht die hoch. Wer oben ist, kann den Blick weit schweifen lassen. Es sind ganz besondere Ausblicke und Perspektiven – in der Ferne locken weitere Entdeckungen: da die Wismarer Bucht (#2), dort die Insel Poel (#23). Möwen ziehen auf Augenhöhe vorbei.

Auf dem Rückweg wird gewalkt, also das Tempo erhöht und die Arm- und Beinarbeit optimiert. Die gute Luft fließt dabei gleich noch ein bisschen tiefer in die Lungen. An der Seebrücke geht es hoch auf die Strandpromenade, wo sich die Bäderarchitektur Boltenhagens studieren lässt – sie gibt sich hier weniger mondän, dafür gediegen gemütlich.

In einem der Cafés, dem Lindquist vielleicht, kann man nun eine Pause einlegen und überlegen, was man mit dem Rest des Tages anstellen will (cafe-lindquist.de). Na was wohl? Eine Luftmatratze besorgen und raus aufs Meer. Und wenn einen dann doch jemand zurückpfeift, dann ist es immerhin nur der besorgte Bademeister.

FAZIT: FRÜHER WOLLTEN HIER VIELE NUR EINES: GANZ SCHNELL WEG. HEUTE HEIßT ES: BLEIBEN! DAS HIER UND JETZT GENIEßEN. UND DIE DINGE LANGSAM ANGEHEN.

WENN DAS PFLASTER FLÜSTERN KÖNNTE

... in Wismar

#2

Wismar, die vielleicht schönste Stadt an der deutschen Ostseeküste, ist im Sommer ziemlich überlaufen. Also früh aufstehen und das Angenehme mit dem Nützlichen verbinden: Joggen mit Sightseeing. 800 Jahre Geschichte im Schnelldurchlauf.

#SightJogging #Kopfsteinpflasterahoi #Südschweden

Das Pflaster des Alten Hafens wird heute vorwiegend von Touristen betreten. Für die Seefahrt hat der Hafen keine Bedeutung mehr.

→ Abstecher …

Wenn das Pflaster flüstern könnte, was wüsste es nicht alles zu erzählen! Von Seefahrern und Seeräubern. Von Händlern und Kaufleuten. Von dänischen Eroberern und schwedischen Besatzern. Von Restauratoren und Unesco-Welterbe-Juroren. Und von den Wismarern natürlich, die ihr schönes Kopfsteinpflaster sehr lieben – auch wenn sie es ständig mit Füßen treten.

Bevor der Läufer dasselbe tut, sollte er sich ausgiebig aufwärmen (ist Kopfsteinpflaster doch so ziemlich das Übelste, das ihm unterkommen kann) – und zwar am besten an dem Relief des Bildhauers Egbert Broerken, das hier am Ostgiebel des Rathauses gleich einen plastischen Überblick über die Altstadt gibt. Etwa 300 Giebelhäuser aus der Hochzeit der Hanse haben die Jahrhunderte überstanden,

»Glücklich« heißt ein Café, »Gewölbe« das alte Fachwerkhaus in der Nähe des Hafens.

an dem Modell aus Zinn und Bronze könnte man sie alle zählen.

Nach den ersten Schritten ist der harte Grund unter den Füßen bald vergessen, denn der Kopf erfährt ganz andere Reize. Farbenfrohe Fassaden, einladende Lädchen, skurrile Straßennamen. Bademutterstraße heißt die eine, ABC-Straße die andere. Schaufenster verführen zum Stehenbleiben, ein Café, das sich »Glücklich« nennt, zum Verweilen. Merken! Für später …

Hinter der Schweinebrücke erhebt sich linker Hand die Nikolaikirche, ein mächtiger Kirchenbau aus einer Zeit, als man Frömmigkeit noch in Backstein wog. Einst hatte die Stadt drei solcher Kirchenbauten in XXL. Doch von der Marienkirche, die nach weiteren zwei Kilometern erreicht ist, steht nur noch der Turm, der Rest wurde im Krieg zerstört und in der DDR gesprengt. 80 Meter ragt der verwaiste Kirchturm in die Höhe, fünf Meter messen die Zifferblätter seiner Uhr.

Es geht weiter durch die Straßen – und die Geschichte – Wismars. Vorbei am Welterbe-

---

Hin & weg: Wismar ist per Zug zu erreichen. Vom Bahnhof geht's zum Markt, gestartet wird am Ostgiebel des Rathauses.

Beste Zeit: Sommer, früher Morgen.

Dauer & Strecke: Je nach Kondition – die vorgeschlagene Strecke misst ca. 6 km.

Ausrüstung: Turnschuhe mit Grip.

Erinnerung an Murnaus »Nosferatu« und Wasserkunst auf dem Markt.

haus, einem Dielenhaus aus dem Jahr 1350, heute Touristeninformation und Museum, und weiter Richtung Hafen. Vorbei an der Wissemara, dem Nachbau einer hanseatischen Kogge aus dem 14. Jahrhundert. Und vorbei am Baumhaus mit den bunten Holzköpfen – eins von vielen Souvenirs aus der Zeit, als Wismar »Südschweden« war: Im Westfälischen Frieden von 1648 wurde die Stadt Schweden zugesprochen und erst 1903 offiziell an Mecklenburg zurückgegeben.

Die Ostseeluft kühlt die Stirn, der Geruch von frischem Fisch strömt in die Nase. Einmal hoch bis zur Spitze des Kais und den Blick über das Meer schweifen lassen. Dann durch das Tor, in dem Murnau im Jahr 1921 Szenen für »Nosferatu« drehte – und zurück in die Stadt. Ziel ist die »Wasserkunst« auf dem Markt. Der aufwendig verzierte Brunnen im Stil der holländischen Renaissance diente bis 1897 der Trinkwasserversorgung, heute ist er ein beliebtes Fotomotiv und Wahrzeichen.

Zu den Füßen der Wasserkunst erstreckt sich einer der größten Marktplätze Norddeutschlands. Auf 100 mal 100 Metern lässt sich das Kopfsteinpflaster von der Sonne erwärmen. Leise scheint es zu flüstern: Na, noch eine Runde gefällig? Die Füße zumindest haben nichts dagegen.

FAZIT: SCHNELLER BEKOMMT MAN KEINEN ÜBERBLICK ÜBER DIE STADT UND SPORTLICHER KANN MAN SIE KAUM ERKUNDEN.

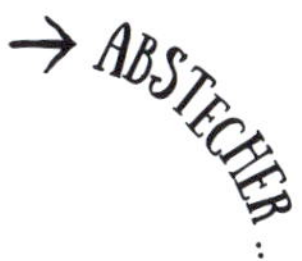

BIRD-WATCHING AUF DEM BADETUCH

Am Strand liegen ist langweilig? Nicht so vor der Vogelschutzinsel Langenwerder, denn hier gibt's allerhand zu gucken. Mit gutem Timing kann man sogar auf die Insel drauf – und dem Vogelwart bei der Arbeit zuschauen.

#Vögelgucken #wieimWatt #nichtohnemeinFernglas

Ein paar einleitende Worte, dann waten die Teilnehmer der Führung durch das flache Kuhlenloch auf die 800 Meter lange und 500 Meter breite Insel: im Gänsemarsch, Schuhe und Handys an den Körper gedrückt – der Ausflug auf die Vogelinsel ist von Anfang an ein Abenteuer.

Ein exklusives: Seit mehr als 100 Jahren darf die Insel Langenwerder nur von Vogelschützern betreten werden. Doch wenn die Vögel all ihre Eier ausgebrütet haben, Ende Juli etwa, dürfen einmal pro Woche drei Handvoll Besucher rauf auf die Insel. Nach Anmeldung, versteht sich.

»Wie im Watt«, sagt jemand, als die Füße der Inselbesucher im Matsch Halt suchen. Nordseefeeling im Ostseeschlamm. Der Vogelwart stellt das Archiv auf, schraubt das Fernrohr fest und lässt die Besucher abwechselnd herantreten und durchlugen. Was gibt es zu sehen? Sturmmöwen natürlich. Mit 2000 Paaren brüten hier so viele wie nirgendwo sonst im Land. Dazu Brandseeschwalben – sie sind vom Aussterben bedroht und werden auf der Roten Liste der Brutvögel Deutschlands in der Kategorie 1 geführt. Hier haben sie den wohl einzigen Brut-

---

Hin & weg: Von Wismar fährt Bus 230 nach Gollwitz; von dort an den Strand.

Beste Zeit: Führungen auf die Insel immer sonntags von Ende Juli bis Oktober. Da die Zahl der Besucher begrenzt ist: rechtzeitig anmelden (langenwerder.de/insel-langenwerder/die-insel-besuchen)! Es wird eine kleine Spende erwartet.

Dauer & Strecke: Die Führung dauert etwa 1 Std., ca. 6 km.

Ausrüstung: Fernglas, Kamera; in der Saison: Badesachen.

Wie im Watt fühlen sich die Füße auf Langenwerder. Der Vogelwart führt über die Insel.

platz an der Küste Mecklenburg-Vorpommerns. Vielleicht spaziert mit ein bisschen Glück auch ein Austernfischer über den Strand - sein schwarz-weißes Gefieder erinnert an eine Elster. Oder ein Alpenstrandläufer. Der hat sich nicht etwa verlaufen - wie sein Name vermuten lässt -, sondern ist ein typischer Küstenvogel.

Betreten verboten - es sei denn, es findet eine Führung statt.

Um zum Haus des Vogelwärters zu gelangen, muss die Gruppe einen Elektrozaun passieren. Im Gänsemarsch geht es einen schmalen Weg entlang. Vor dem Häuschen mit dem tief gezogenen Reetdach glucken dicke Möwen, sie lassen sich von den Besuchern nicht beeindrucken. Der Vogelwart holt einen Flussuferläufer, den er vorher gefangen hat, aus einem Kästchen, misst den kleinen Vogel nun vor den Augen der Besucher und verpasst ihm einen Ring.

Dann läuft die Gruppe auch schon zurück zur Absperrung. Der Tag ist zu schön, um nicht noch an den Strand zu gehen, der hier mit besonders flachem Wasser vor allem Familien anzieht. Birdwatching direkt vom Badetuch: Also Fernglas raus und die Insel herangezoomt. Da, der Vogel mit dem nach oben gebogenen Schnabel - ein Säbelschnäbler! Der braunweiße Vogel mit den orange leuchtenden Beinen - ein Rotschenkel? Und so verfliegt die Zeit, als hätte auch sie Flügel ...

FAZIT: WO KANN MAN DAS SCHON: AM STRAND LIEGEN UND VOM AUSSTERBEN BEDROHTE VÖGEL BEOBACHTEN? WENN ES ZEITLICH PASST, UNBEDINGT FÜR EINE FÜHRUNG ÜBER DIE INSEL ANMELDEN!

DIE VERBOTENE INSEL

Eines der letzten Geheimnisse der Ostseeküste ist eigentlich keines mehr: Die »Verbotene Insel Wustrow«, über Jahrzehnte militärisches Sperrgebiet, kann seit Kurzem bei einer Führung erkundet werden. Wer ihren Mythos aber bewahren will, nimmt lieber das Schiff und tuckert gemütlich an ihrer Küste entlang.

#LostPlaces #Geheimnisbewahren #KopfkinoimBoot #MeerunterBeschuss

Mehr als die Ruine ist von dem früheren Leben auf Wustrow nicht zu sehen. Die Silhouette von Rerik bietet da mehr.

Man sieht: nichts. Nichts bis auf diesen langweiligen Grünstreifen am Horizont, den das Boot in reichlichem Abstand abtuckert. Das ist so spannend wie Bäumen beim Wachsen zugucken. Doch dann: Plötzlich schiebt sich eine Ruine in den Blick. Ihre Fenster glotzen wie hohle Augen zum Schiff herüber. Kurz, ganz kurz, fühlt man sich jetzt wie der Entdecker einer versunkenen Welt.

Doch der simple Betonbau ist so ziemlich das Einzige, was man von dem früheren Leben auf der Halbinsel zu sehen bekommt. Weit mehr als das Auge wird auf dieser Schifffahrt zur verbotenen Insel die Fantasie bemüht – gelenkt von den Worten des Mannes am Mikrofon, der aus der bewegten Geschichte von Wustrow erzählt: Von den Adeligen, die hier über Jahrhunderte ihre Ländereien bewirtschafteten, bis der letzte von ihnen sein Gut an die Reichswehr verkaufte. Von den Militärs, die hier über Jahrzehnte auf das Meer schossen: Wustrow war die erste Flakartillerieschule des Dritten Reiches, später war es Garnisonstadt der Sowjetarmee. Von dem Käufer der Halbinsel, der sein Feriendorf samt Reiterhof bisher nicht bauen durfte, weil die Leute im Ort zu viel Verkehr fürchten. Von all den Vögeln und Tieren, die sich hier seitdem ungestört vermehren (90 Brutvogelarten nisten hier, 25 davon stehen auf der Roten Liste vom Aussterben bedrohter Arten). Und von einer Zukunft, die genauso im Dunkeln liegt wie die verlassenen Gebäude von Wustrow für den Schiffsausflügler.

Wer die Ruinen aus der Nähe sehen will, bucht eine Führung über die Insel, per Planwagen oder zu Fuß (www.insel-wustrow.de/besichtigungen-fuehrungen). Oder er wandert am Strand von Rerik Richtung Westen, bis er an dem großen Zaun steht, der weit ins Meer reicht und die verbotene Halbinsel vom Badeort trennt. Dahinter erheben sich die Reste der Gartenstadt, die Reformarchitekt Heinrich Tessenow einst für die Offiziere und Mitarbeiter der Flakartillerieschule entwarf.

Hin & weg: Ab Rostock fährt Bus 121 über Bad Doberan und Kühlungsborn direkt nach Rerik. Das Schiff startet im Hafen in Rerik.

Beste Zeit: Mai–Oktober. Die Schiffsfahrzeiten gibt's unter: www.ms-ostseebad-rerik.de

Dauer: ca. 2 Std.

Ausrüstung: Sonnenschutz, Fernglas.

Andere Hinterlassenschaften der früheren Nutzer sind weniger gut sichtbar: die Munition im Boden. Sie ist der Grund, warum die Insel lange komplett gesperrt und heute auch nur auf geführten Touren zu besuchen ist. 300 von 1000 Hektar sind erst geräumt. Die restlichen 700 stehen unter Naturschutz – man sollte sie also ohnehin meiden. Inzwischen hat das Boot gedreht und tuckert durch das idyllische Salzhaff zurück nach Rerik. Der Blick sucht schon lange nicht mehr die Halbinsel ab, sondern schweift über das Wasser, bleibt gelegentlich an den Netzen der Fischer hängen, auf deren Pfosten sich Möwen postieren, oder geht den Segelbooten hinterher. Von Wustrow hat das Auge alles gesehen, was es vom Schiff aus zu sehen gibt. Die verbotene Insel – sie bleibt ein Geheimnis.

FAZIT: FÜR ALLE, DIE SICH IHREN TEIL LIEBER SELBER DENKEN. ALLE ANDEREN NEHMEN VIELLEICHT DOCH LIEBER DEN PLANWAGEN ODER DIE EIGENEN FÜßE.

KLEINER TURM GANZ GROß

Er verspricht grandiose Aussicht, weist den Weg und steht symbolisch für fröhliche Ferien am Meer: Kaum ein Bauwerk weckt so viele schöne Gedanken wie ein Leuchtturm. Von allen Exemplaren an der deutschen Ostseeküste liegt der »Buk« am höchsten über dem Meer – eigentlich ist er aber ein Winzling.

#immerraufzumLeuchtturm #wasfüreinAusblick #Traumwelten

Wer zum Leuchtturm will, braucht kein Navi. Denn für Orientierung sorgt er schon selbst. Weithin sichtbar steht der Buk in der Landschaft, guckt aus dem goldgelben Getreide wie ein rot bemützter Fischer aus seinem Boot. Also rauf auf das Rad und den Lenker auf den Leuchtturm ausgerichtet.

Nach den ersten Metern geht es spürbar bergauf. Der Buk nämlich steht auf einem kleinen Berg. Fast 80 Meter liegt der über dem Meer und bringt den Turm groß raus: Mit 95,3 Metern Feuerhöhe birgt er das höchste Leuchtfeuer der Ostseeküste. Dabei ist der Buk mit seinen nur knapp 21 Metern einer der kleinsten Leuchttürme an der deutschen Küste. Die geringe Höhe sorgt für kompakte Proportionen. Würde ein Kind einen Leuchtturm malen, er sähe wohl genau so aus. Klassisch die rote Spitze, schön der erst bei der Sanierung nach der Wende wieder von Farbschichten befreite Backstein. Wer erstmal davor steht, kann den Anblick ganz entspannt genießen. Denn die meiste Beinarbeit ist schon getan – nur noch 55 Stufen führen hinauf in die Spitze. Durch eine blaue gusseiserne Tür gelangt man nach draußen.

Den ganzen Tag war es grau? Vielleicht strampelt der Himmel ja jetzt gerade die Wolkendecke weg und reibt sich die verschlafenen Augen. Ist das Blau dort hinten am Horizont noch Wasser oder schon Himmel? Schwimmt das Segelboot im Meer oder in den Wolken? Konturen verschwimmen, Grenzen verschwinden. Surreale Bilder wie in Traumwelten.

An klaren Tagen, so sagt der Wärter, kann man bis nach Fehmarn gucken, auf jeden Fall bis Rerik und zur Wismarer Bucht. Auf der anderen Seite sieht man Kühlungsborn, dahinter

Ist das Blau dort hinten am Horizont noch Meer oder schon Himmel? Die Konturen verschwimmen ...

Rostock und Warnemünde. Kein Wunder, dass der Turm lange militärisch genutzt wurde. Der Rückweg führt über einen Feldweg nach Kägsdorf, dann rechts runter in den Ort. Bergab geht es jetzt, die Leichtigkeit belohnt die Mühen des Hinwegs. Das Rad rollen lassen, den Fahrtwind genießen, schnell, immer schneller. Vorbei an Feldern, die sich in Wellen hinunter zum Wasser ergießen, als würden sie das Meer imitieren. Und das macht nun das, was der Leuchtturm auf dem Hinweg tat: Es weist den Weg.

Hin & weg: Los geht's am Bahnhof Kühlungsborn-West, der mit der Molli-Bahn zu erreichen ist.

Beste Zeit: Zu jeder Jahreszeit schön. Der Leuchtturm ist von 11 bis 16 Uhr (in der Saison bis 17 Uhr) geöffnet. Infos unter leuchtturm-bastorf.de

Dauer & Strecke: Ca. 2 Std., 11 km.

Ausrüstung: Fahrrad und Fernglas.

FAZIT: DAS RICHTIGE FÜR LEUCHTTURM-FANS UND ALLE, DIE GERN SEHEN, WIE EIN WINZLING GROß RAUSKOMMT.

SCHÖN SCHAURIG

… in Nienhagen

#6

Wer in den Gespensterwald kommt, um das Fürchten zu lernen, könnte enttäuscht werden. Denn der Küstenwald bei Nienhagen mit den von Wind und Wetter verformten Bäumen ist vor allem eines: auf einzigartige Weise schön. Aber dann stockt einem plötzlich doch der Atem …

#Windflüchter #wirtunnichts #überwältigtvonSchönheit

Grazil statt gruselig: die Bäume im Gespensterwald. Nicht minder schön: der Strand davor. Wer lieber Gespenster sieht, setzt sich hier in den Sand und macht sich gruselige Gedanken.

Nach den ersten Schritten scheint klar: Jeder andere Wald ist besser darin, einem Wanderer das Fürchten zu lehren. Freundlich bescheint die Sonne den breiten Weg, beruhigend plätschert rechterhand die Ostsee – und diese bizarr geformten Bäume, in denen so mancher Gespenster sieht? Sie stehen da wie verträumte Wesen, die Hände in unschuldiger Geste erhoben, als wollten sie sagen: »Wir tun dir doch nichts.«

90 bis 170 Jahre alt sind die Bäume im Nienhäger Holz, wie der Gespensterwald offiziell heißt. Buchen sind es vor allem, daneben Eichen und Eschen. Über Jahrzehnte haben sie gelernt, sich wegzuducken vor Wetter und Wind: den Stamm gekrümmt, die Kronen landeinwärts geneigt, die Äste oft verschlungen verdreht. Natürlich, wenn sich der Nebel zwischen die Baumstämme legt und die Dunkelheit in den verhuschten Zweigen verfängt – dann glaubt man hier vielleicht tatsächlich an Gespenster.

Doch wenn der Himmel blau ist wie Schlumpfeis, am Strand Sonnenbadende die Ruhe abseits des Ferienbads genießen, dann entfaltet der Wald seine ganze Poesie. 1,3 Kilometer lang ist er und 100 Meter breit. Man kommt nicht schnell voran. Immer wieder muss man stehen und staunen. Muss Fotos machen, sich auf eine Bank setzen, den Blick in die spärlich belaubten Kronen und über das Meer wandern lassen.

Und in dem Moment, wenn man sich schon lange damit abgefunden hat, nicht mehr erschrocken zu werden, stockt einem plötzlich der Atem: Da liegt ein gefallener Stamm quer über dem Weg, mit direkt am Korpus abgesägten Ästen. Wasserleichenblass glänzt die Rinde, die Stümpfe lenken die Fantasie ins Horrorfach. Da jagt einem dann doch ein sanfter Schauer über den Rücken.

Hin & weg: Ab Warnemünde und Bad Doberan fährt Bus 119 nach Nienhagen. Von der Bushaltestelle Nienhagen-Mitte aus geht es die Strandstraße hinunter zum Ortskern und anschließend links in den Gespensterwald.

Beste Zeit: Ganzjährig ein Erlebnis – bei Nebel oder in der Dämmerung ist der Gruseleffekt größer.

Dauer & Strecke: 2–3 Std., ca. 4 km.

Ausrüstung: Gutes Schuhwerk, Kamera.

FAZIT: EIN SPAZIERGANG IM GESPENSTERWALD GEHÖRT AUF DIE UNBEDINGT-LISTE.

SAS
Frischfisch

AM ANFANG WAR DER FISCHER

#7 *Eine Fischsoljanka – die maritime Version der sauer-scharfen Suppe osteuropäischen Ursprungs – muss man probiert haben. Am besten kocht man sich sein Süppchen selbst. Die Zutaten gibt es zum Beispiel auf dem Fischmarkt in Warnemünde.*

#Fischsuppe #hmmmlecker #soschmecktdieOstsee #Nostalgie

Vorher, nachher: Schnell wird aus den einzelnen Zutaten eine köstliche Soljanka.

Am Anfang war der Fischer. So oder so ähnlich fangen viele Ortschroniken an der Küste an. In Warnemünde beginnt so aber auch die Tour durch die Stadt. Denn wer vom Bahnhof Richtung Zentrum läuft, kommt als Erstes am kleinen Fischmarkt vorbei. Vor der Brücke über den Strom zieht er sich rechter Hand am Kai entlang: Kutter schaukeln auf dem Wasser, Räucheröfen dampfen, Möwen spazieren über das Pflaster. Erst weit dahinter, einen Kilometer Fußmarsch entfernt, liegt der Strand.

Tatsächlich war Warnemünde über Jahre ein bescheidenes Fischerdorf, bevor ab 1821 der Badebetrieb allmählich immer mehr Touristen anzog. 1882 wurde hier sogar der Strandkorb erfunden. Etwa zur gleichen Zeit nahm der Dampfer nach Dänemark seinen Betrieb auf und der Hafen gewann an Bedeutung. Später kamen die Werft, noch später die Kreuzfahrtschiffe. Keine Frage, in Warnemünde hat sich in den letzten 200 Jahren so viel verändert wie in kaum einem anderen Ort an der Küste.

Fischer gibt es zum Glück immer noch, und man muss sie in Warnemünde auch nicht lange suchen. Einfach ab auf die Mittelmole! Am besten am Morgen, denn dann kann man ihnen noch dabei zusehen, wie sie anlanden, den Fang ausnehmen, den Fisch in den

---

Hin & weg: Mit dem Zug nach Warnemünde; vom Bahnhof zu Fuß zum Fischmarkt.

Beste Zeit: Ganzjährig lecker.

Dauer: Einkaufstour auf dem Fischmarkt mit Muße etwa 1 Std., Zubereitungszeit für die Soljanka etwa 20 Min.

Ausrüstung: Korb oder Tasche für die Zutaten; anschließend: Kochgelegenheit mit Topf und Geschirr.

Die Möwen von Warnemünde sind berüchtigt – und natürlich auch auf dem Fischmarkt heimisch.

Räucherofen hängen und mit den Kollegen schnacken. Drüben, auf der anderen Seite des Stroms, strahlt die Morgensonne derweil die Giebel der hübschen Seemannshäuser an, die sich so erfrischend abheben von der Bäderarchitektur, die sonst die Küstenorte prägt.

Welcher Fisch soll es sein? Der von hier! Das sind je nach Saison Dorsch, Aal, Scholle oder Hering. Ein halbes Kilo wird eingepackt. Es wird die Grundlage der Fischsoljanka, der maritimen Version der sonst schwein- und rindfleischlastigen Suppe, die ihren Ursprung im russischen Raum hat und in der DDR gern auf die Teller kam. Dazu kommt vieles, was man gut in Konserven vorrätig halten kann (siehe Rezept), die Suppe ist also ideal für Campingkocher oder Kombüse. Einen Klecks saure Sahne obendrauf, eine Prise Nostalgie – fertig.

Fischsoljanka (4 Personen)

Zwei Zwiebeln und zwei Paprika in Scheiben schneiden und in heißem Öl etwas anschwitzen. Eine halbe Tube Tomatenmark, 100 Gramm geschnittenes Sauerkraut und eine Knoblauchzehe dazugeben. Mit Gurkensud und Gemüsebrühe auffüllen und mit einem Teelöffel edelsüßer Paprika, zwei bis drei Lorbeerblättern, fünf Pimentkörnern und einem halben Teelöffel Cayennepfeffer würzen. Alles aufkochen. 500 Gramm Fischfilet in Stücke schneiden, in die Suppe geben und ziehen lassen, bis es gar ist. Mit Salz und Pfeffer abschmecken und sechs in Scheiben geschnittene Gewürzgurken unterheben. Die Fischsoljanka mit einem Klecks saurer Sahne und gehacktem Dill servieren.

FAZIT: DER FISCHMARKT IN WARNEMÜNDE IST NICHT NUR BEI TOURISTEN BELIEBT. AM BESTEN KAUFT MAN MORGENS EIN UND KOCHT MITTAGS SEIN SÜPPCHEN.

Zum Moor

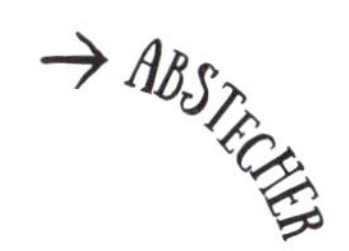

MIT STÖCKEN DURCHS MOOR

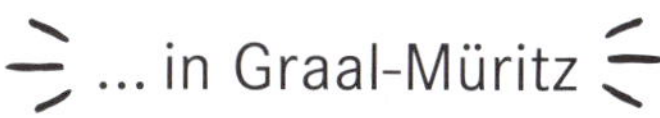

Gleich vier ausgewiesene Nordic-Walking-Strecken hat Graal-Müritz in den letzten Jahren geschaffen. Die spannendste führt direkt durch das Moor.

Rot ist die Farbe der Liebe? Für den kleinen Moorfrosch ist es blau. Denn immer im Frühjahr, wenn er sein Weibchen sucht, färbt sich der sonst braune Körper für einige Tage blau – und leuchtet dann mit Himmel und Meer um die Wette. »Uog, uog, uog ...«, quakt sein Paarungsruf durch das Ribnitzer Moor, eines der wenigen Lebensräume dieser gefährdeten Art. Es klingt wie das Blubbern der Bläschen aus einer leeren Flasche, die man unter Wasser taucht. Im Herbst färben sich keine Frösche mehr. Dafür aber das Laub und die Gräser. Wie ein riesiger Flokati in Sonnengelb liegt der Teppich aus Halmen dann auf dem Waldboden.

Vom Moor selbst ist nicht viel zu sehen. Dennoch bleibt man lieber auf den festen Wegen. Die Stöcke schwingen im Takt, den die schnellen Schritte vorgeben.

Das Ribnitzer Große Moor entstand vor etwa 11 000 bis 12 000 Jahren und erstreckt sich über 274 Hektar. Jahrhundertelang wurde hier Torf gestochen und das Moor entwässert – zwei Drittel der Fläche sind daher mit Kiefern und Birken bewaldet und sehen so wenig nach Moor aus, dass man sich fragt, ob man tatsächlich richtig ist.

Hin & weg: Nach Graal-Müritz fährt der Zug ab Rostock. Vom Bahnhof zu Fuß zum Parkplatz Parkschneise im Stadtteil Müritz; dann den Schildern mit der »4« folgen.

Beste Zeit: Ganzjährig. Im Frühjahr und im Herbst jeweils ein ganz besonderes Naturerlebnis.

Dauer & Strecke: 1–1,5 Std., ca. 6 km.

Ausrüstung: Turnschuhe; Nordic-Walking-Stöcke kann man sich auch beim Fahrradverleih ausleihen (www.fahrrad-thon.de).

Es sieht so wenig nach Moor aus, dass man sich fragt, ob man richtig ist.

Doch die Schilder mit der »4« weisen die Moorroute eindeutig aus. Und tatsächlich erkennt der geübte Blick bald Pflanzen und Bäume, die einen feuchten Grund lieben, wandert über Senken und freie Flächen, die ahnen lassen, dass die Stöcke dort tief im Morast versinken würden.

Die Nordic-Walking-Strecke führt jetzt Richtung Strand und parallel dazu hinter der Düne entlang. An Strandzugang 1 geht es wieder rechts ins Moor. Hier ändert sich die Vegetation, vereinzelt ragen Baumstämme in die Höhe, die weder Äste noch Laub tragen. Unheimlich wirkt das, mystisch, geheimnisvoll. Geschichten kriechen in den Kopf.

Die 4,2 Kilometer lange Route ist schneller zu Ende als erwartet. Der Körper möchte weiter walken – daher direkt an den Strand und das Meer begrüßen! Am Spülsaum geht es entlang, wo Füße und Stöcke nun auch leicht versinken. Hier ist es okay.

FAZIT: AM STOCK GEHEN MACHT WOHL NIRGENDS SO VIEL FREUDE WIE IN GRAAL-MÜRITZ. NORDIC-WALKING IST HIER DER SPORT DER STUNDE.

→ ABSTECHER …

JEDER MENSCH EIN MALER

… in Ahrenshoop auf dem Darß

#9

Das besondere Licht und die schöne Landschaft haben schon viele Maler inspiriert. Warum nicht auch den blutigen Anfänger? Also Blatt und Stift eingepackt und auf nach Ahrenshoop, in die frühere Künstlerkolonie.

#Ahrenshoopsehenundmalen #selfmade

Hilft auch der Inspiration und Kreativität: ein Strandspaziergang.

Wie oft wurde es schon fotografiert, dieses Haus am Meer, das so malerisch in den Dünen gluckt und unter dem Reetdach hervor auf das Wasser guckt? Kein Katalog, kein Reiseführer kommt ohne dieses Motiv aus. Und natürlich juckt es in den Fingern, das x-te Foto davon zu machen. Doch halt, das hier ist Ahrenshoop, Ort der Künstler und der Inspiration. Hier wird gemalt! Das Auge misst die Proportionen ab, erkennt Schatten und Strukturen, studiert Details. Wie verzweigen sich die Äste der Bäume, die neben dem Haus in die Höhe schießen? Wo beginnt das Meer? Wer Landschaft auf das Papier bringen möchte, sieht sie mit ganz anderen Augen, speichert die Bilder in seinem Gedächtnis besser ab als bei jedem Foto, das der Finger macht. Ende des 19. Jahrhunderts kamen die ersten Künstler, strömten nach dem Vorbild der französischen Freilichtmaler aus dem Atelier ins Freie. Hier auf dem Darß fanden sie ein ganz besonderes Licht, interessante Motive, bald viele Kollegen sowie günstige Lebenshaltungskosten. Bis auf Letzteres gibt es auch heute noch von allem reichlich – der ideale Ort also, seiner eigenen Kreativität nachzuspüren. Wer nicht allein losziehen will, kann einen Malkurs buchen (auf www.ostseebad-ahrenshoop.de unter Aktivitäten). Das Unterrichten von künstlerischen Fertigkeiten ist hier so alt wie die Kolonie selbst: 1894 wurde im Künstlerhaus Lukas die erste Malschule eröffnet – es gilt als der Anfang der Künstlerkolonie. Um die Jahrhundertwende zogen die Schulen auch viele Frauen an (an die Unis durften sie damals nicht), »Malweiber« nannte man sie. Eine davon war Ottilie Kaysel (1875–1956), deren ungewöhnliches Haus direkt am Weg zur Kurverwaltung liegt.

Dort, in der Touristeninformation, sollte man nach der Broschüre fragen, die sämtliche Künstlerhäuser nennt. Und nach dem Faltblatt über den Kunstpfad Ahrenshoop. Denn an zehn Stationen im Ort kann man sehen, wie Künstler sie jeweils betrachteten. So entdeckt man etwa in der Dorfstraße das Bild von Hans Emil Oberländer aus dem Jahr 1939. Es zeigt die frühere Dorfschule mit spielenden Kindern davor. Das Fachwerkhaus aus dem Jahr 1828 steht heute noch, seit 2006 befindet sich hier die Galerie Alte Schule.

Hin & weg: Ahrenshoop ist ab Ribnitz-Damgarten mit Bus 210 zu erreichen; von Ahrenshoop-Mitte zu Fuß zur Kurverwaltung und dann dem Kunstpfad folgen.

Beste Zeit: Ganzjährig toll.

Dauer & Strecke: 2–3 Std., ca. 4 km.

Ausrüstung: Je nach Ambition Stift und Papier oder Leinwand und Farben.

Die Werke der großen Maler sind Inspirationsquelle und Zeitzeugnis. Denn nicht immer sind die gemalten Gebäude noch da. An der Aussichtsplattform, die den Blick auf das berühmte Haus in den Dünen eröffnet, steht zum Beispiel ein Bild von Paul Müller-Kaempff (1861–1941), dem Gründer der Künstlerkolonie. Es zeigt den Blick auf Ahrenshoop, wie er sich dem Maler im Sommer 1892 bot, als er von Wustrow herübergewandert kam: ein »Bild des Friedens und der Einsamkeit«. Und er fand: »Dies war ein Studienplatz, wie ich ihn mir immer erträumt hatte.« Die Häuser sind heute andere, die Bäume schossen noch nicht so in die Höhe. Ein traumhafter Studienplatz aber ist es noch heute.

FAZIT: WER AHRENSHOOP UND SEINE GESCHICHTE VERSTEHEN MÖCHTE, SCHAUT SICH DEN ORT MIT DEN AUGEN EINES KÜNSTLERS AN.

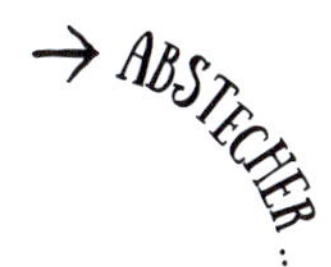

DAS MEER ATMET MIT

… am Weststrand auf dem Darß

#10

Yoga ist am Strand immer eine gute Idee, besonders aber am Weststrand auf dem Darß. Denn hier strahlt der Strand schon aus, wonach der Yogi sich sehnt: Harmonie, Balance, Kraft und Frieden. In diesem Sinne: Ommm …

#MeeresrauschenstattYogaLehrer #gelassenfallenlassen

Was immer der Yogi sucht, dieser Strand hat es schon gefunden. Ganz im Gleichgewicht scheint hier die Natur. Frieden liegt über der Szenerie. Von Freiheit kündet der Horizont. Und wenn die Wellen auf den Sand rollen, zeigen sie dabei eine Kraft, von der viele Körper nur träumen können. Nun gut, der eine oder andere Baum hat seine Balance verloren und sich in den Sand gleiten lassen. Aber auch das gehört zum Yoga: das Fallen gelassener zu nehmen.

Yoga am Strand braucht nicht viel. Der plattgetretene Sand ersetzt die Yoga-Matte. Das Meeresrauschen die Meditationsmusik. Und wer will schon aromatische Räucherstäbchen, wenn er den Duft der See in der Nase hat? Es gibt keinen besseren Yoga-Raum als den Strand. Erwartungsvoll heftet sich der Blick an den Horizont.

Dann geht es los. Die Yoga-Übungen (Asanas genannt), sonst zu Hause auf der Matte geübt, werden nach und nach abgerufen – und hier ganz besonders tief erfahren. Das Meer, so scheint es, atmet mit: einatmen, ausatmen, Welle geht, Welle kommt ... Man kann sich

---

Hin & weg: Ab Prerow oder Ahrenshoop mit dem Fahrrad zum Weststrand, etwa zum Aufgang Mittelweg.

Beste Zeit: Frühjahr–Herbst.

Dauer & Strecke: Je nach Kondition 1–2 Std.

Ausrüstung: Bequeme Sportkleidung, Trinkflasche.

Die vielleicht längste Yoga-Matte der Welt – der Weststrand auf dem Darß.

daran halten wie an den Yoga-Lehrer, der mit Nachdruck in sein Mikrofon atmet, damit es auch in der letzten Reihe gehört wird.

Nach der letzten Abfolge in die Entspannungshaltung gehen und mit Blick auf das Meer ganz zur Ruhe kommen. Sich spüren: auf dem Strand, am Meer, in seinem Körper. Wenn es Zeit ist, sich erheben und zurück zum Rad laufen, das irgendwo hinter den Dünen im Schutz hoher Bäume wartet.

Auf dem Weg dorthin bleibt der Blick in den Ästen eines Windflüchters hängen – so nennt man jene von Wind und Wetter verformte Baumgebilde, die so typisch sind für die sturmumtoste Küste. Sein Stamm neigt sich in gefährlicher Schräglage zum Boden, doch er kippt nicht um. Er hat seine Balance im Unmöglichen gefunden: welch perfekte Yoga-Pose! Unweigerlich fragt man sich, warum es noch keine Asana namens »Windflüchter« gibt – und probiert die gleich mal aus.

Tipp: Wer Yoga am Strand lieber unter Anleitung macht, findet in den größeren Orten entsprechende Kurse, so zum Beispiel in Prerow am Sportstrand.

ES GIBT VERMUTLICH KEINEN BESSEREN ORT FÜR YOGA ALS DEN STRAND. WER EINE GANZ BESONDERE ERFAHRUNG SUCHT, WÄHLT DEN WESTSTRAND.

RUNTER-KOMMEN IN DEN PILZEN

#11

Wer Pilze sucht, findet vor allem eines: Entspannung. Im Darßwald macht der Sammler dabei noch so manch andere Entdeckung – und hat am Ende genau das im Korb, was dem Wald selbst noch fehlt: eine gute Mischung.

#abinsKörbchen #WaldmitNarben #primaPilzpfanne

Wald mit Narben: Spuren der Gewinnung von Baumharz.

Vielleicht ist es mit den Pilzen so wie mit vielem anderen, was man im Leben sucht: Es lässt sich leichter finden, wenn man nicht zu verbissen an die Sache herangeht. Also den leeren Korb entspannt baumeln lassen, die gute Luft inhalieren und den Blick sanft rechts und links des Weges schweifen lassen. Tatsächlich kann man es locker angehen lassen. Denn Pilze, so heißt es, sind Wegbegleiter. Sie brauchen die Sonne zum Wachsen und den leichten Luftzug, der die Sporen verteilt. Wer Pilze finden will, muss sich demnach gar nicht ins Dickicht schlagen und Gefahr laufen, die Orientierung zu verlieren. Er kann sich ganz aufs Suchen besinnen.

Langsam lernt der Blick, das vom Herbst verfärbte Laub von den Hüten der Pilze zu unterscheiden. Der Maronenröhrling wäre ein super Start – er ist einer der besten Speisepilze, die man finden kann. Im Volksmund wird er gern kurz »Marone« genannt, weil sein halbrunder brauner Hut der Esskastanie ähnelt. Bald darauf wandert vielleicht ein Kuhröhrling ins Körbchen – nicht so schmackhaft wie die Marone, für die Pfanne aber prima. Und dort: ein Pfifferling? Nein, zu elastisch sein Körper, zu pilzig sein Geruch. Der echte Pfifferling, er riecht nach Mirabellen.

Langsam füllt sich das Körbchen, und der Blick wandert auch mal vom Boden weg die Bäume hoch, wo ebenfalls eine Entdeckung wartet – manche Bäume haben Rillen wie die Pilze. Die fast kunstvoll V-förmig eingeritzten Schnitte dienten einst dazu, dem Baum seinen Saft abzuringen. Es sind die Narben des Waldes. Denn der Darßwald, heute gern als Urwald vermarktet, wurde über Jahrhunderte von Menschenhand geformt und benutzt. Holz und Harz holte man raus, Hirsch und Hirschkuh. Nach der Wende dann die Bilanz: zu viel Wild, zu viele Kiefern, zu wenig Mischung. Ein Vierteljahrhundert griff der Mensch erneut ein: um den Wald wieder urig zu machen. Heute überlässt man ihn endlich sich selbst. Spätestens im Erlenbruch sollte man tatsächlich auf dem Weg bleiben, ist es in der Senke doch zum Teil sehr morastig. Der Weg zum Leuchtturm kreuzt. Am Wegesrand soll man den Reizker finden, dessen Lamellen, wenn man sie ritzt, eine Flüssigkeit absondern, die

---

Hin & weg: Nach Prerow fährt Bus 210 ab Barth und Ribnitz-Damgarten.

Beste Zeit: Zur Pilzsaison im Spätsommer/Herbst. Am besten wenige Tage nach Regen.

Dauer & Strecke: 2–3 Std., ca. 8 km.

Ausrüstung: Korb/Beutel, Taschenmesser.

Nicht jeder Pilz wandert ins Körbchen und dann in die Pfanne, der Maronenröhrling (rechts) aber auf jeden Fall.

so orange ist wie Karottensaft. Dazu wandern vielleicht noch ein paar Butterpilze in den Korb, mit ihrem buttergelben Fleisch unter einem braunen Hut. Zu Hause nimmt man ihn ab, bevor er mit all den anderen in die Pfanne kommt. Ein bisschen Thymian dazu, ein bisschen Salz. Und dann auf den Teller. Nie zuvor hat eine Pilzpfanne so gut geschmeckt!

Tipp: Die wenigsten Pilzsorten sind genießbar. Wer unsicher ist, nimmt am besten an einer geführten Pilzwanderung im Darßwald teil – oder lässt seine Funde von der Pilzberaterin Antje Hückstädt prüfen. Informationen zu Pilzwanderung und -beratung: www.ostseebad-prerow.de/de/natur/pilzwanderung.html

FAZIT: SICH ERDEN, RUNTERKOMMEN, ALLES ANDERE AUSSCHALTEN – WER PILZE SAMMELT, ENTSPANNT AUF GANZ BESONDERE WEISE.

LAUFEND GUTES TUN

... bei der Seebrücke in Zingst

Wie wohlig ist das Gefühl nach einem absolvierten Dauerlauf! Aber wie gut muss sich erst fühlen, wer dabei gleich den Müll vom Strand weggesammelt hat? »Plogging« heißt der neue Hype aus Schweden, und er verspricht Gutes für Körper und Meer.

#joggstdunochoderploggstduschon? #safeourplanet

Die ersten Meter sind kaum absolviert, da geht man schon in die Knie: Eine leere Tüte Gummibärchen liegt im Sand. Also abstoppen, bücken und den Müll in den mitgebrachten Beutel stecken. Dabei vorschriftsmäßig in die Kniebeuge gehen. Bloß keine Haltungsfehler!

Plogging ist der neue Hype aus Schweden, der das Nützliche mit dem noch Nützlicheren verbindet: Jogging und Plocka (schwedisch für aufsammeln/pflücken) – Fitness und Müllsammeln. Damit tut man nicht nur der eigenen Gesundheit etwas Gutes, sondern auch der des Meeres, des Planeten, der nachwachsenden Generationen – und wenn man nur den Dosendeckel aufhebt, an dem sich am nächsten Tag der Lütte beim Buddeln nicht ritzen kann.

Zwar wird der Strand jeden Morgen von der Maschine durchkämmt, doch die nimmt nur den großen Müll mit. Besonders klein und tückisch sind Zigarettenkippen. Die meisten von ihnen

Plogging ist … wenn einen der Müll am Strand in die Knie zwingt. Und zu lustigen Figuren inspiriert.

haben einen Filter aus Zelluloseazetat, der oft erst nach Jahrzehnten zerfällt und bis dahin nach und nach giftige Chemikalien absondert. Wird der Filter bei der nächsten großen Welle ins Meer gezogen, gelangen Mikroplastik plus Schadstoffe schnell in die Nahrungskette.

Nach Angaben des Bundes für Umwelt und Naturschutz (BUND) reicht eine einzige Zigarettenkippe aus, um 40 Liter Grundwasser zu verseuchen. Und es liegen Hunderte im Sand. Als der BUND im Rahmen des »Umweltfestivals Zingst« jeden Morgen zum Müllsammeln auf-

rief, landeten 500 Kippen in den Eimern – pro Tag! Auch jetzt beim Ploggen wird eine nach der anderen aufgeklaubt. Neben Dosen, Eislöffeln, Kronkorken und vielem anderen.

Der Körper hat sich auf die Unterbrechungen inzwischen eingestellt und aktiviert ständig Muskeln, die er beim Joggen sonst nicht braucht. Überhaupt erinnert der Lauf mit dem regelmäßigen Anhalten, Bücken und Wiederaufrichten eher an Intervalltraining. Doch muss es immer die Kniebeuge sein? Andere Figuren werden ausprobiert, zur Freude des Rückens.

Am Ende ist das Herz- und Kreislaufsystem ordentlich in Schwung geraten und der Beutel gut gefüllt. Wenn der Müll dann in den Tonnen an der Seebrücke verschwindet, fühlt sich das einfach nur gut an. Im Körper. Im Kopf.

Tipp: Wer in Zingst nicht allein Müll sammeln möchte, kann an der wöchentlichen Führung des BUND teilnehmen. Termine gibt's in der Kurverwaltung (www.zingst.de).

FAZIT: IM URLAUB ETWAS FÜR SICH UND DIE UMWELT TUN – BESSER GEHT ES NICHT!

Hin & weg: Nach Zingst fährt Bus 210 ab Barth. Von der Haltestelle Zingst-West ist man schnell am Strand.

Beste Zeit: Immer eine gute Tat.

Dauer & Strecke: Je nach Kondition 30 Min. bis 1 Std., ca. 3–6 km.

Ausrüstung: Laufoutfit und -schuhe; je nach Wetter Handschuhe und Mütze; Müll- oder Jutebeutel.

→ ABSTECHER …

DAS GLÜCK DER ERDE …

#13

Im Herbst findet man am Strand vieles, was man sonst lange suchen muss: Bernstein zum Beispiel. Oder Pferde. Denn die dürfen vielerorts nur dann ans Meer, wenn die Badegäste weg sind.

#einTraumwirdwahr #FreiheitohneEnde #dasGlückdieserErde

Wer hat nicht schon einmal davon geträumt: auf dem Pferd an einem einsamen Strand entlang reiten und die grenzenlose Freiheit spüren? Doch von allen Träumen, die man im Laufe seines Lebens so hegt, wird wohl dieser am ehesten einer bleiben.

Es sind nämlich diverse Hürden zu nehmen: a) Man braucht ein Pferd; b) man sollte reiten können oder zumindest keine Angst vor großen Tieren haben; c) man muss einen Strand finden, an dem Reiten erlaubt ist. Während sich a) und b) über Reitschulen, Reiterhöfe und Psychologen lösen lassen, wird c) womöglich zum Problem.

Denn nur wenige Orte an der Ostsee erlauben das Reiten am Strand ganzjährig ohne Einschränkungen. Das sind Börgerende, Stolper Ort und Dassow. In Trassenheide und Zinnowitz sind Pferde in der Saison immerhin von abends bis frühmorgens willkommen. In anderen Orten wie Ahrenshoop und Dierhagen oder in den Ostseebädern Prerow, Wustrow, Zingst und Kühlungsborn darf nur von Herbst bis Frühjahr am Strand geritten werden. Und dann gibt es oft noch räumliche Einschrän-

---

Hin & weg: Der Reit- und Ferienhof Illner im Ortsteil Müggenburg ist am besten per Auto zu erreichen.

Beste Zeit: In Zingst Herbst-Frühjahr; in anderen Urlaubsorten Reitzeiten erfragen.

Dauer & Strecke: Ca. 1 Std., 3-4 km.

Ausrüstung: Festes Schuhwerk; Helm kann kostenfrei ausgeliehen werden.

Ob im Wald oder am Strand – an der Küste ist Reiten ein besonderes Vergnügen.

kungen. So ist es in Zingst nur zwischen den Übergängen 1 und 2a gestattet. Das sind eigentlich nur ein paar Meter. Ob da das Gefühl der unendlichen Freiheit überhaupt eine Chance hat? Und sich das Pferd so schnell an das nasse Element gewöhnen kann?

Im Reiterhof im Ortsteil Müggenhof wurde aufgesattelt, durch den schönen Osterwald – hier wachsen sogar ein halbes Dutzend Mammutbäume – führte der Ritt. Doch kaum haben Pferd und Reiter die Düne passiert und die Hufe den Sand berührt, gibt es keine Fragen mehr. Das Pferd läuft ins Wasser und schnaubt fröhlich, während sich dem Reiter so hoch oben neue Perspektiven eröffnen.

Wie war das noch mit dem höchsten Glück der Erde? Es liegt tatsächlich auf dem Rücken der Pferde. Dass der Ritt am Wasser dann doch recht schnell vorbei ist und das Pferd schon bald im Galopp die Düne nimmt, geschenkt! Träume dauern schließlich auch nicht ewig.

FAZIT: AUS DEM SATTEL ERLEBT MAN DEN STRAND AUS EINER GANZ BESONDEREN PERSPEKTIVE.

ÜBER DIE BRÜCKE

#14

Schon gewusst? Nach Rügen kommt man auch zu Fuß! Über den Rügendamm führt diese Tour, mit Blick auf die imposante Rügenbrücke, den Strelasund und die schöne Silhouette der Hansestadt Stralsund.

#ichmachrüber #Strelagate #SkylinemitKirchen

Aufstrebende Architektur gestern und heute: Giebelhäuser in der Altstadt Stralsunds, die aufklappbare Ziegelgrabenbrücke und die Rügenbrücke mit Pylon und Drahtseilen.

Kurz glaubt man, den Kontinent gewechselt zu haben. Hinter alten Fabriken und Garagen schwingt sich eine Brücke empor, die man am ehesten in den USA verorten würde, nicht aber an der deutschen Ostseeküste. »Strelagate« nennen sie die Einheimischen in Anspielung auf die Golden Gate Bridge in San Francisco – Strela wie der Strelasund, den sie überspannt.

Seit 2007 führt sie nach Rügen, und wer sie passiert, macht oft gleich das erste Urlaubsfoto: aus dem Wagen auf den gewaltigen Pylon mit seinen Drahtseilen. Ein wahrer Sehnsuchtsort ist die Brücke inzwischen, für Rügenfans führt sie direkt ins Paradies. Was der Bau aber auch ist: Deutschlands größte Schrägseilbrücke.

128 Meter hoch ist der Pfeiler, 42 Meter Luft liegen zwischen Wasser und Brücke – Dampfer wie Segelboote können bequem darunter durchfahren. Die alte Brücke muss sich immer erst aufklappen. Als sie noch allein über den Strelasund führte, sorgte das für lange Staus. Der Neubau nimmt nun gewaltig Druck raus. Und macht aus dem Geduldsspiel von einst eine hübsche Attraktion.

Am besten plant man den Marsch über die Ziegelgrabenbrücke – die neue Rügenbrücke hat keinen Fußweg – nach den Brückenöff-

---

Hin & weg: Mit dem Zug nach Stralsund; zurück von Altefähr kann man den Bus oder ein Boot nehmen.

Beste Zeit: Zu jeder Jahreszeit toll.

Dauer & Strecke: 3–4 Std., ca. 12 km.

Ausrüstung: Gutes Schuhwerk.

Die Silhouette Stralsunds, von Altefähr aus gesehen.

nungszeiten für die Schiffe (etwa 8.20 Uhr, 12.20 Uhr oder 15.20 Uhr; ycstr.de/bruecke.htm) und steht direkt davor, wenn sich die Straße plötzlich aufklappt und die Fahrbahn nach oben schwingt, als wolle sie es dem Pfeiler der Rügenbrücke zeigen - ein technisches Schauspiel, das man nicht alle Tage sieht.

Sind alle Boote durch die Öffnung getuckert, beendet die Straße ihren Höhenflug. Die Schranke für Autos und Fußgänger öffnet sich, es kann weitergehen. Hinter der Ziegelgrabenbrücke liegt Dänholm, die kleine Insel zwischen Festland und Rügen. Bis Anfang der 1990er-Jahre wurde sie vorwiegend militärisch genutzt, heute findet man hier neben einem lauschigen Hafen ein Marinemuseum und das Nautineum. Letzteres ist eine Außenstelle des Deutschen Meeresmuseums und auf jeden Fall einen Besuch wert (www.nautineum.de).

Nach der Runde über Dänholm geht es auf die 540 Meter lange Rügendammbrücke. Der Fußmarsch hier ist nichts für Dünnhäutige. Autos brettern vorbei, der Untergrund vibriert. Man möchte nur eins: schnell weiter. In der Eile wandert der Blick kaum noch rüber zur Rügenbrücke zur Linken, aber das macht nichts. Die Konstruktion hat hier nichts Erhabenes mehr, wird flach und flacher, läuft auf das Ufer zu wie die Düne zum Meer. Hinter der Brücke führt ein Weg nach Altefähr. Hier sollte man sich in der Marina eine Pause gönnen und die Silhouette Stralsunds genießen.

Die Marienkirche mit ihrem 100 Meter hohen Turm war einst das höchste Gebäude der Welt. Wer braucht Amerika, bei solch einer Skyline?

FAZIT: WEM ES SONST ZU SCHNELL AUF DIE INSEL GEHT, GENIEßT DEN WEG PER PEDES.

SCHÖNER GRUSELN

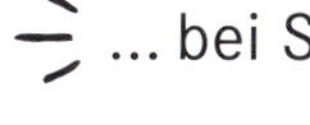

… bei Sassnitz auf Rügen

Ruinen verlassener Orte faszinieren so viele Menschen, dass sie mittlerweile eine eigene Kategorie von Sehenswürdigkeiten bilden. Bei Sassnitz gibt es einen ganz besonderen dieser Lost Places. Hier verfallen architektonische Zeugen verschiedener Zeiten.

#AbandonedPlace #SchlossruinezumTräumen #BunkerzumGruseln

Wenn es regnet, wird die Brücke zur Hürde: Als wolle sie sich gegen den Eindringling wehren, sie lässt ihn einfach nicht rüber. Die nassen Holzplanken sind spiegelglatt, und da die Konstruktion einen kleinen Bogen in die Luft beschreibt, fühlt man sich bald, als wolle man eine Rutsche bezwingen, auf die jemand Flüssigseife gekippt hat. Zentimeterweise geht es mühsam voran, das Geländer wird zum Komplizen – geschafft.

Wie besonders muss sein, was derart geschützt ist? Das fragt man sich und stellt wenige Meter weiter fest: Es ist schon kaputt. Ausgeschlachtete Baracken, einst von Militärs genutzt, liegen müde im Wald. Büsche hängen aus Fenstern, Bäume sprießen auf Dächern, ein Schornstein ragt kalt in die Höhe. Das ist es also: ein Lost Place, ein verlassener Ort. Es gibt Leute, die für den morbiden Charme solcher Anlagen weite Reisen auf sich nehmen – Fotografen, Abenteurer, Nostalgiker. Doch die militärischen Ruinen sind nicht das Einzige, das hier im Wald verfällt. Plötzlich nämlich taucht eine neoklassizistische Fassade auf. Das Gebäude dahinter fehlt. Abfall häuft sich. Büsche wuchern aus dem Mauerwerk. Eine einzelne Säule streckt ihr hübsches Kapitell in die Luft, tragen muss sie nichts mehr. Unheimlich und

---

Hin & weg: Mit dem Zug bis Sassnitz; vom Bahnhof zum Hafen gehen, dann rechts in die Hafenstraße einbiegen, die bald in die Straße der Jugend übergeht; auf der linken Seite erscheint die Holzbrücke nach Dwasieden.

Beste Zeit: Ganzjährig; im Herbst und Winter ist der Gruselfaktor höher.

Dauer & Strecke: 2–3 Std., 6 km.

Ausrüstung: Kamera, festes Schuhwerk.

Nur Fassade, nichts dahinter: der Marstall von Dwasieden.

geheimnisvoll zugleich wirkt die Gebäudehülle – wie eine polierte Ritterrüstung, in der sich ein Geist versteckt.

Es war der Marstall von Schloss Dwasieden, das einst einer der schönsten Sommersitze Rügens war. Ein Schüler des großen Baumeisters Karl Friedrich Schinkel hatte es von 1873 bis 1877 aus Sandstein und Marmor für den Berliner Bankier Adolph von Hansemann gebaut: mit zwei Aussichtstürmen und schmucken Säulengängen an jeder Seite, die zu romantischen Pavillons führten. In den 1930ern zog eine Schiffartillerieschule in die herrschaftlichen Räume. Ende der 1940er wurden sie gesprengt, ein paar Säulen liegen noch einsam im Wald.

Der Marstall blieb stehen. Die Nationale Volksarmee baute drum herum einen Stützpunkt – und verließ das Areal Anfang der 1990er. Seitdem verfallen hier Zeugen verschiedener Zeiten: die hässlichen Zweckbauten des Militärs und die Überreste des schönen Schlosses Dwasieden.

Ein Flachbau hinter dem Marstall ist noch recht gut erhalten. Junge Buchen stehen in Grüppchen davor, als mimten sie die Soldaten von einst. Weiter führt der Weg, vorbei an hohl glotzenden Bunkern. Unheimlich wird es und der Weg schmaler. Weitergehen oder umkehren? Lieber umkehren. Unweigerlich läuft man schneller. Da ist schon die Brücke. Zum Glück wehrt sie sich diesmal kaum.

FAZIT: IN DWASIEDEN KANN MAN FASZINIERT DEM VERFALL ZUSCHAUEN – UND EIN BISSCHEN SOGAR DAS FÜRCHTEN LERNEN.

→ ABSTECHER …

BALANCE FINDEN

#16

Von Binz weiß man, dass es schön und im Sommer sehr voll ist. Was nicht so viele wissen: Rügens touristischer Hotspot hat auch eine ganz ruhige Seite. Und die ist ganz leicht zu finden.

#heyichbinz #SundowneramSee #Auswegganzunverhofft

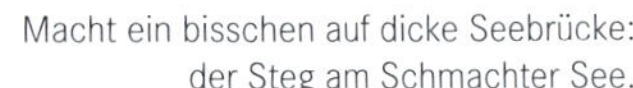
Macht ein bisschen auf dicke Seebrücke: der Steg am Schmachter See.

Oh, wie schön ist die Seeseite von Binz! Freundlich schwappt das Meer an den breiten Sandstrand. Stolz stehen die prächtigsten Villen in der ersten Reihe. Fotogen hockt Müthers Ufo in den Dünen. Und als wäre das nicht alles schon hübsch genug, geht die Sonne auch noch direkt über dem Meer auf und bringt Bäderarchitektur und Frühbadende zum Strahlen. Es ist dieser kurze Moment des Tages, wo keine Wünsche offen bleiben. Hey, ich binz!

Später wird sich das ändern, denn dass Binz sehr schön ist, hat sich herumgesprochen. Im Laufe des Tages wird es ziemlich voll. Dann sehnt man sich leise nach etwas Ruhe, und fast möchte man sich seufzend dem Hype ergeben, da öffnet sich plötzlich ein Ausweg.

Immer geradeaus führt der, mit der Seebrücke im Rücken, einmal quer durch die Stadt: Die geschäftige Hauptstraße mit ihren Restaurants und Läden entlang, die Jasmunder Straße überquert und schon ist man da - am Schmachter See, auf der anderen Seite von Binz. Hier kommt der Ort zur Ruhe.

Im Jahr 2003 hat sich das Seebad mit dem Park der Sinne die Rückseite poliert. Als Außenstandort der Internationalen Gartenausstellung entstand eine weitläufige Park- und Gartenanlage mit Terrassen und Bänken, mit Blumenrabatten und verspielten Skulpturen. Lavendel duftet, Fontänen plätschern, eine hübsche Holzbrücke führt ein Stück auf den See, die große Schwester am Meer imitierend. Wer dieses Juwel entdeckt, möchte bleiben.

Doch am besten geht man einmal rechts am See entlang, entdeckt die einzelnen Stationen, klettert auf den Aussichtsturm und läuft vielleicht noch ein bisschen weiter - an den Garagen und der Rückseite des Sandskulpturenfestivals vorbei - in den Wald hinein,

---

Hin & weg: Bis Binz mit Bus oder Bahn; dann zu Fuß weiter.

Beste Zeit: Den Ruhepol-Effekt erlebt man am besten in der Hochsaison; der Park der Sinne ist ganzjährig zugänglich (im Winter sind die Themengärten geschlossen).

Dauer & Strecke: 1-2 Std., ca. 5 km.

Ausrüstung: Feste Schuhe.

wo dann erst recht alle Sinne angesprochen werden. Dann wieder zurück und an dem zentralen Platz mit der Holzbrücke vorbei zum Themengarten mit dem hübschen Pavillon. In dem Irrgarten dort kann man sich eine ganze Weile verlieren.

Zum Sonnenuntergang unbedingt zurück zum See und einen schönen Platz sichern! Denn die Sonne geht direkt über dem Wasser hinter dem Wald unter und taucht die Szenerie ins schönste Licht. Und so wie der Ort hier sein Gleichgewicht findet – Yin und Yang, Meer und See, Trubel und Ruhe – so findet man auch selbst langsam seine innere Balance.

FAZIT: ES MUSS NICHT IMMER ERSTE REIHE SEIN. IN BINZ SIEHT MAN AUF DEN HINTEREN PLÄTZEN FAST NOCH MEHR.

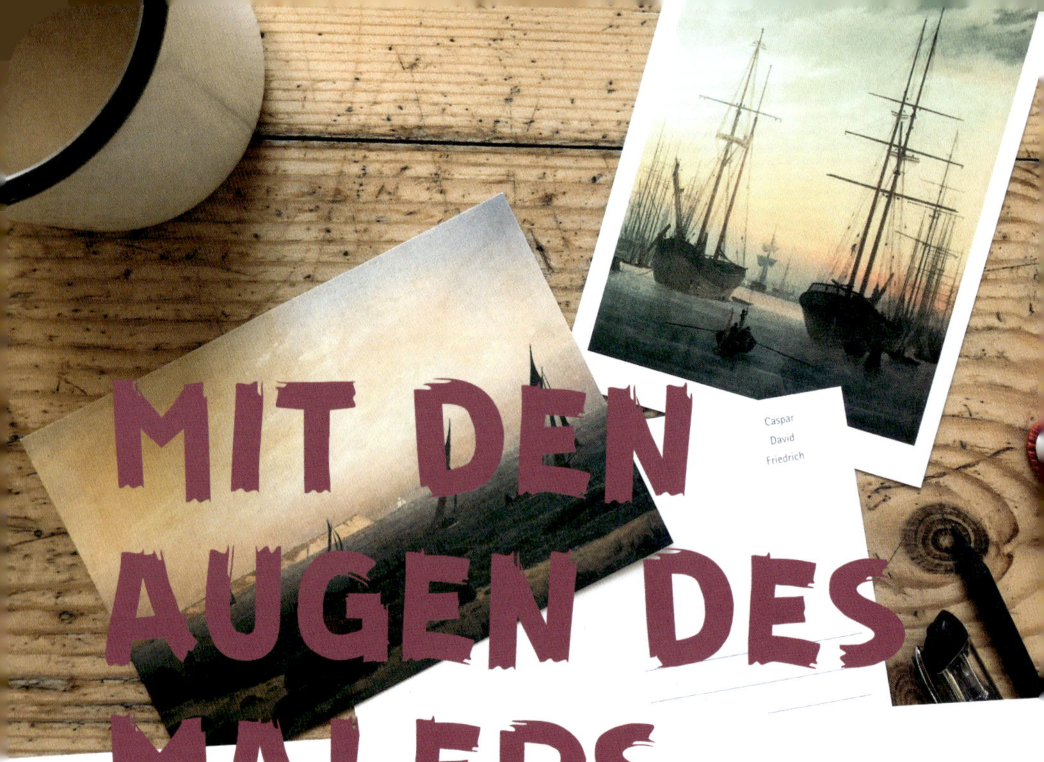

MIT DEN AUGEN DES MALERS

... in Greifswald

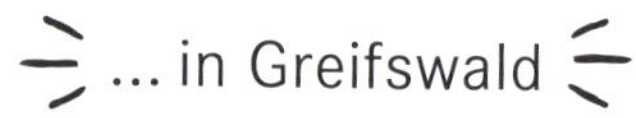

#17

Seine Bilder von den Kreidefelsen auf Rügen wurden zu Ikonen der Romantik. Aufgewachsen ist Caspar David Friedrich in Greifswald – heute kann man hier auf seinen Spuren wandern.

#Seelenlandschaften #romantisch #fastwiegemalt

Friedrich liebte die Segelschiffe im Greifswalder Hafen – und malte ihre Maste gern etwas länger, als sie waren.

Mit dem Fahrrad ginge es schneller. Aber Caspar David Friedrich ist auch immer gelaufen. Mehrmals über die Insel Rügen zum Beispiel, wo ihn der Kreidefelsen so magisch anzog wie in Greifswald die Klosterruine in Eldena. Die malerischen Mauern am Ortsende sind heute das Ziel. Los geht es an der Uni, denn dort nahm auch Friedrichs Werdegang seinen Anfang. Er war 16, als er hier bei Lehrer Quistorp seinen ersten Zeichenunterricht erhielt. Kaum vorstellbar, aber damals zählte die Uni gerade einmal 60 Studenten: Das Hauptgebäude, nur wenige Schritte vom Bahnhof entfernt, wird gereicht haben. Heute erstreckt sich der Campus über die gesamte Stadt, rund 10 000 Studierende sind immatrikuliert.

Über die Nikolaikirche – hier wurde Friedrich getauft – geht es zum Caspar David Friedrich Zentrum, wo der Maler 1774 das Licht der Welt erblickte (das Geburtshaus wurde nach einem Brand wiederaufgebaut). In der

Traditionelle Segelschiffe auf dem Ryk.

Werkstatt stellte sein Vater Seifen und Kerzen her. Solche kann man hier auch heute wieder kaufen, als Souvenir und Erinnerung mit typischen Friedrich-Motiven. Was man aber auf jeden Fall mitnehmen sollte: die Broschüre über die 15 Stationen des Caspar-David-Friedrich-Bildwegs.

Durch die Hunnenstraße führt die Tour hinunter zum Ryck, dem insgesamt 30 Kilometer langen Fluss, der hinter Greifswald in den Bodden fließt. Im Museumshafen schaukeln alte Segelschiffe, liebevoll in Schuss gehalten von nautischen Nostalgikern. Auch Friedrich liebte sie – ihre Maste aber malte er auf seinen Bildern gern noch etwas länger, als sie tatsächlich waren.

Hinter dem Hafen einfach immer dem Ryck folgen, der sich durch eine nahezu unberührte Flusslandschaft zum Fischerdorf Wieck windet: Schilf steht in großen Büscheln am Ufer, Enten schwimmen auf spiegelglattem Wasser, Äpfel leuchten in den Bäumen – wahrscheinlich sah es zu Friedrichs Zeiten schon genauso aus.

Über die hölzerne Klappbrücke – Baujahr 1887 und damit zu jung, um je Friedrichs Motiv gewesen zu sein – geht es hinüber zum Fischerdorf und dann die Mole hoch zum Bodden. Utkiek heißt ein Hotel und spielt damit auf die Zeiten an, als die Fischer sehnsüchtig erwartet wurden: von ihren Frauen, Kindern, Kunden. Friedrich verarbeitete die Szenerie etwa in seinem Gemälde »Lebensstufen«.

Zurück über die Brücke und kurz beim Strandbad gehalten: An dieser Stelle, damals eher ein Delta, ließ sich Friedrich zu verschiedenen Bildern inspirieren, vermutlich auch zum bekannten »Mönch am Meer«, einer seiner berühmtesten Seelenlandschaften. Dabei waren Mönche wohl eher selten zu sehen, denn das nahe Kloster war schon damals eine Ruine. Und was für eine! Wer zwischen diesen gewaltigen Überresten des vor 800 Jahren erbauten Klosters wandelt, ahnt schnell, warum sich

---

Hin & weg: Nach Greifswald mit dem Zug oder Bus.

Beste Zeit: Ganzjährig schön.

Dauer & Strecke: 3–4 Std., ca. 8 km.

Ausrüstung: Festes Schuhwerk, evtl. Broschüre über den Caspar-David-Friedrich-Bildweg.

Immer wieder zog es den Maler zu den Ruinen des Klosters von Eldena, zu dem auch die Bockwindmühle gehörte.

der Maler in so vielen Bildern an ihnen abarbeitete. Von einstiger Größe erzählen sie, vom Glauben, von Vergänglichkeit – und sind dabei so unglaublich schön, dass man sie einfach nur festhalten möchte.

FAZIT: WER SICH AUF DIE SPUREN DES BERÜHMTEN MALERS MACHT, SIEHT STADT, LAND UND FLUSS MIT GANZ ANDEREN AUGEN.

→ ABSTECHER …

ALLES SO SCHÖN EINFACH

... in Lubmin am Bodden

#18

Ab November wird die Welt am Strand noch einfacher, als sie es ohnehin schon ist. Die Reize reduzieren sich, Runterkommen war nie leichter. Vielleicht nimmt man sich von der Wanderung etwas Sanddorn mit – und mixt die Beeren später in einen Cocktail.

#ZitronedesNordens #einfachglücklich #Vitaminkick #dasWesentliche

Was man nicht alles in den Dünen findet: ein Weihnachtsbäumchen, einen Kahn namens Muschi – und Beeren für den Cocktail.

»So groß und einfach die Welt am Strand, nur Wind und Wolken, nur Meer und Sand«, dichtete einst der Germanist Dr. Carl Peter Fröhling und formulierte damit die wohl beste Antwort auf die Frage, über die so mancher schon gegrübelt hat: Warum zieht es uns eigentlich immer ans Meer?

Tatsächlich ist es diese Klarheit und Überschaubarkeit, die gerade in Zeiten, in denen die Welt immer komplizierter zu werden scheint, schlicht guttut. Im späten Herbst und Winter wird das Leben am Strand sogar noch etwas einfacher. Jetzt konzentriert sich alles auf das Wesentliche. Etwa auf die Farben, für die wir die Küste lieben. Weiß. Blau. Sand. Auch die Entscheidungen werden weniger. Fragt sich der Sommerurlauber ständig, wie das Wetter optimal zu nutzen ist, ist die Sache ab November klar: An den Strand geht es, wenn es hell ist. Und das bei jedem Wetter. Wer sichergehen will, dass ihn tatsächlich nichts weiter ablenkt, der fährt nach Lubmin, das kleine Seebad zwischen Greifswald und Wolgast am Bodden. Denn hier ist kaum was los. Doch der Strand ist schön und die Seebrücke mit ihrem an eine Strandhütte erinnernden Rettungsturm und den ausgelatschten Planken fast malerisch.

Hin & weg: Ab Greifswald fährt Bus 274 bis Seebad Lubmin; die Waldstraße führt hinunter zur Seebrücke.

Beste Zeit: November, Dezember.

Dauer & Strecke: 2–3 Std., 7 km.

Ausrüstung: festes Schuhwerk, Zutaten für Sanddorn-Caipirinha, ein Schraubglas mit Deckel.

Hier geht es einmal nach rechts runter, den Strand entlang. Die Wellen haben dem Sand abstrakte Bilder aufgedrückt. Ab und an sollte man einen Blick in die Seegrasbüschel am Strand werfen. Im Herbst und Winter stehen die Chancen gut, einen Bernstein zu finden. Denn kräftige Stürme wirbeln den Meeresboden ordentlich auf und legen eingelagerte Bernsteine frei.

Keinen Schmuckstein gefunden? Kein Problem. Denn hinter den Dünen leuchten andere kleine Schätze in großer Zahl: die Beeren des Sanddorns. Jede einzelne eine kleine Vitaminbombe, frisch und sauer der Geschmack. Ein paar Beeren pflücken – Achtung, Dornen! – oder mit einem Arbeitshandschuh herunterstreifen (»melken« sagen die Einheimischen) und in einem ausgedienten Marmeladenglas nach Hause tragen. Im Sanddorn-Caipi ersetzt die »Zitrone des Nordens« später die Limette – und das macht sie ziemlich gut. Mit dem Cocktail in der Hand dann in den Sommer träumen. Oder einfach den Augenblick genießen, das Hier und Jetzt.

Rezept für einen Sanddorn-Caipirinha

Die Sanddornbeeren waschen und damit ein Schraubglas zu etwa einem Drittel füllen. Einen Esslöffel Zucker darüber streuen und Beeren und Zucker mit einem Stößel zerdrücken. Das Glas mit Eiswürfeln auffüllen, 6 Zentiliter Cachaça (Zuckerrohrschnaps) oder Wodka darüber gießen, den Deckel fest drauf schrauben und das Glas gut schütteln. Umfüllen oder direkt mit Strohhalm genießen. Wer hat, fügt noch zwei, drei Blätter frische Minze zu. Prosit!

So lässig geht Seebrücke: Wie eine Strandhütte sieht der Rettungsturm aus.

FAZIT: IM NOVEMBER AN DIE KÜSTE? AUF DIESER TOUR FINDET MAN VIELE GRÜNDE, DAS ZU WAGEN.

178
164
165

RENNEN OHNE ENDE

… am Strand entlang auf Usedom

#19

Deutschlands längster Strand erstreckt sich über die Küste Usedoms: 42 Kilometer – bei dieser Zahl juckt es nicht nur Dauerläufer im Turnschuh. Auf zum Strandlauf ohne Limits!

#noLimits #Flow #laufdichglücklich

Wie eine schwere Goldkette, die vor Jahrtausenden einer Riesin aus der Hand in den Sand geglitten ist, zieht sich sanft geschwungen der Strand die gesamte Insel entlang – auf der Karte erkennt man mit viel Fantasie ein sehr flaches S. S wie schön. S wie Sonnenbaden. S wie ... Strandlauf!

Man muss kein Dauerläufer sein, um bei einer Länge von 42 Kilometern nicht an Marathon zu denken. Das ist, zugegeben, reichlich ambitioniert. Auch ein Halbmarathon wäre schwierig, ist das Laufen auf Sand doch um ein Vielfaches anstrengender als auf herkömmlichem Untergrund und macht daher schnell müde. Aber warum nicht einfach so weit laufen, wie die Kondition mitmacht? In den Flow kommen, nicht mehr an ein Ziel denken, Laufen um des Laufens willen – so lange wie möglich. Vielleicht wird es ein Fünftelmarathon (8,4), vielleicht ein Zehntel (4,2 Kilometer), vielleicht weniger. Es ist eigentlich egal.

In Karlshagen geht es los, es ist ein idealer Startpunkt. Hier wird der Strand ohnehin gern sportlich genutzt. Das größte Beachvolleyball-

---

Hin & weg: Mit dem Zug bis Karlshagen; vom Bahnhof zu Fuß an den Strand.

Beste Zeit: An heißen Tagen besser am Morgen oder am Abend.

Dauer & Strecke: Je nach Kondition und Ambition 1 Std. und mehr. So weit einen die Beine tragen.

Ausrüstung: Sonnenschutz, Wasserflasche, gute Laufschuhe.

Am Wegesrand gibt es einiges zu gucken: baggernde Beachvolleyballer zum Beispiel, sogar sonnende Meerjungfrauen liegen manchmal im Sand.

turnier der Welt findet jedes Jahr da statt (laut »Guiness-Buch der Rekorde«). Auch für Wettkämpfe in Beachsoccer und Frisbee muss der Strand herhalten, der sich hier auf beeindruckende 80 Meter Breite dehnt.

Nach dem Aufwärmen geht es rechts den Strand runter. Vier Kilometer sind es bis Trassenheide – bekannt für die größte Schmetterlingsfarm Europas und das auf Kopf stehende Haus –, sechs bis zur Vinetastadt Zinnowitz mit der Tauchgondel am Ende der Seebrücke.

Die ersten Meter sind die schwersten. Körper und Geist müssen ihren Rhythmus finden, die Füße Halt im Sand. Direkt am Wasser, wo die Wellen den Untergrund glatt machen, läuft es sich am leichtesten. Nur aufpassen, dass der Turnschuh nicht baden geht. Irgendwann hat man dann den Dreh raus, heftet den Blick auf den Horizont, genießt die Sonne. Das Wellenrauschen macht das Laufen zu einer beinahe meditativen Erfahrung.

FAZIT: JOGGEN AM STRAND IST SO ANSTRENGEND WIE EFFEKTIV UND MACHT NEBENBEI GROßEN SPAß – VOR ALLEM, WENN MAN LAUFEN KÖNNTE OHNE ENDE.

UNTER ROSTROTEN SEGELN

... bei Krummin auf Usedom

#20

Einst holten sie den Fisch an Land, heute schippern sie Urlauber über das flache Gewässer – ein Törn im Zeesenboot, dem traditionellen Fischersegler der Ostseeküste.

#PanikanderPinne #AhoiimHaff #eswareinmal #Geschichteschippern

Eine Piratenflagge flattert im Wind …

Logisch ist das nicht. Drückt man die Pinne nach rechts, fährt das Boot nach links, zieht man sie nach links, steuert das Heck nach rechts. Die Neue am Steuer kommt damit nicht klar. Statt Kurs auf die beiden Bojen zu nehmen, zwischen denen das schöne alte Zeesenboot auf das Haff hinaustuckern soll, steuert das Schiff unbeirrt Richtung Schilf.

An der Pinne macht sich Panik breit, während die Kapitänin die Ruhe weg hat und fest auf ihren Schützling baut. Erst als der Hilferuf dringlicher wird, schreitet Rika Harder ein. Der Kurs wird korrigiert, das Boot tuckert mittig durch die Absperrung und bei der Skipperin in Spe reguliert sich langsam wieder der Puls. Nach ein paar Metern auf dem Wasser hat sie es endlich raus. Drücken: nach links. Ziehen: nach rechts. Geht doch.

Der Blick klebt nun nicht mehr starr auf dem Wasser, sondern öffnet sich in die Landschaft: über die Krumminer Wiek, eine Ausbuchtung des Peenestroms, der die Insel vom Festland

Heimathafen der *Romantik*: der Naturhafen Krummin.

trennt, und die Halbinsel Gnitz, auf die das Boot nun zusteuert. Der Motor macht Pause, die Segel blähen sich auf und ziehen die *Romantik* über die Wellen. Rostrot sind sie, wie es sich gehört für ein Zeesenboot. Das typische Rot kam einst vom Ochsenblut – damit wurden die Segel imprägniert.

Die *Romantik*, Baujahr 1929, ist das einzige Zeesenboot von Usedom, auf Fischland-Darß-Zingst gibt es mehr. Der Vater von Rika Harder hat es in den 1970ern gekauft, als die Zeesenbootfischerei am Ende war. Jahrhundertelang hatten die Fischer mit diesen speziellen Booten den Fisch aus den flachen Gewässern geholt: mit großen sackförmigen Schleppnetzen, den Zeesen, die sie an Bug und Heck befestigten und beim Seitwärtsdriften durchs Wasser zogen. Doch der Übergang zur staatlich subventionierten Fischerei mit Großreusen brachte die private Küstenfischerei in der DDR zum Erliegen. Heute ist das Fischen mit Schleppnetzen in den Boddengewässern ohnehin verboten.

Die hölzernen Fischersegler, auf Platt schlicht Zeesboot genannt, wurden weiter genutzt. Als Segelboote für Ausflüge. Als Sportboote für Regatten. Oder als »Familienkutschen« wie die *Romantik*: Die Familie von Rika Harder segelte mit dem Zeesenboot jeden Sommer in den Urlaub; schon als Kind hat Rika an Bord mit angepackt. Seit nunmehr zwei Jahrzehnten fährt sie Touristen durch die Gewässer von Usedom.

Das Ende der Bucht ist fast erreicht. Die Kapitänin kündigt die Wende an und erklärt den Mitseglern, was zu tun ist. Die packen alle bereitwillig an, werden Teil der Mannschaft, Teil des Abenteuers.

Später legt das Boot im Naturhafen Krummin an. Es zieht einen nicht sofort weiter, so idyllisch ist dieser Ort, so verheißungsvoll duftet es von der Hafenterrasse. Räuchert der Ostseelachs gerade im Ofen? Oder steht gar der Hafenmeister persönlich am Grill und wendet die Krumminer Bratwurst?

Sonnenstühle stehen am Ufer. Hier kann man es noch ein bisschen aushalten, den Blick auf das Wasser gerichtet, wo die Sonne jetzt langsam rechts hinter dem hohen Schilf verschwindet – ganz ohne Drücken und Ziehen.

FAZIT: EINMAL IN EINEM ZEESENBOOT MITSEGELN – DAS GEHÖRT EIGENTLICH AUF JEDE TO-DO-LISTE FÜR EINEN URLAUB IN BODDENNÄHE. IN USEDOM IST ES EIN BESONDERS EXKLUSIVES VERGNÜGEN.

Hin & weg: Mit dem Zug bis Bannemin-Mölschow; von dort zu Fuß oder per Rad nach Krummin (3 km).

Beste Zeit: Frühjahr–Herbst.

Dauer: Ca. 1,5 Std. auf dem Wasser; Anmeldung und Infos unter www.zeesenboot.de

Ausrüstung: Sonnenschutz, Fernglas; Getränke gibt's an Bord.

HOTEL
BANSINER HOF
35
62
15

→ Abstecher …

Verliebt in Villen

… rund um Heringsdorf auf Usedom

#21

Mehr Bäderarchitektur auf einmal gibt es nirgendwo sonst zu sehen: In den Kaiserbädern auf Usedom reiht sich eine Villenschönheit an die nächste – und verleitet zum Träumen.

#HausamMeer #vieleStile #VillenWalk #ersteFertighäuserderWelt

Die Villa Oechsler aus dem Jahr 1883 mit dem Mosaikbild »Badende Grazien« des Italieners Antonio Salviati.

Der Traum von einem Haus am Meer - erstmals nahm er Ende des 19. Jahrhunderts hier an der Küste Gestalt an. Usedom wurde zur »Badewanne Berlins«, und die drei früheren Fischerorte, in denen Kaiser Wilhelm II. gern weilte - Heringsdorf, Ahlbeck, Bansin -, wurden zu »Kaiserbädern« erkoren. Wer es sich irgendwie leisten konnte, baute genau hier sein Sommerhaus.

Manche setzten einfach eine Kopie ihrer Grunewaldvilla hinter die Düne. Andere träumten sich architektonisch weiter: in die Berge mit ihren heimeligen Blockhütten, in die Märchenwelt mit ihren Schlössern und Burgen oder in die Antike mit ihren Tempelbauten. Manche Villa wurde sogar vorgefertigt: Aus dem nahen Wolgast kamen Ende des 19. Jahrhunderts die ersten Fertighäuser der Welt. Was die Sommerhäuser dieser Zeit eint: ihre Entstehungszeit (1870–1918) und der Begriff »Bäderarchitektur«, den man nicht als eigenen Baustil bezeichnen kann, denn der Stile gibt es hier ja viele: Renaissance, Barock, Gründerzeit, Jugendstil ...

In Bansin sind ganze Straßenzüge in Bäderarchitektur erhalten: Die Strandpromenade vor allem sowie die parallel verlaufende Bergstraße. Hier beginnt diese Tour. Es ist ein sanfter Einstieg in die Thematik, lassen die Villen hier doch in puncto Extravaganz Luft nach oben - auch wenn sie schon sehr groß ausfallen.

Über die Strandpromenade geht es nach Heringsdorf. Das Auge weiß gar nicht, wovon es mehr angezogen wird: vom Meer oder von den Villen. Beides hat es hier gut im Blick. Später, in Heringsdorf, wird sich das ändern. Dann verschwindet die See hinter Bäumen und Dünen und wird doch kaum vermisst. Die Villen brauchen alle Aufmerksamkeit.

Ein kleiner Schwenk zur Villa Irmgard (hier machte schon Maxim Gorki Urlaub) und einmal quer durch Heringsdorf über den Kulm, dann zurück auf die Strandpromenade. Hier nun reihen sich besonders schmucke Villen aneinander wie die Klunker eines Colliers: die Villa Oechsler mit dem hübschen Mosaik im Giebel, die Villa Staudt (hierher kam schon der Kaiser gern zum Tee), die Villa Oppenheim

---

Hin & weg: Mit dem Zug bis Bansin; dann zu Fuß weiter. Zurück mit dem Zug von Ahlbeck nach Bansin.

Beste Zeit: Früher Morgen, wenn die Morgensonne die Villen ins beste Licht taucht.

Dauer & Strecke: Etwa 3 Std., ca. 8 km.

Ausrüstung: Bequeme Schuhe.

Von der Morgensonne auf die Stirn geküsst: die Villa Oppenheim in Heringsdorf. Nur wenige Meter weiter steht die Villa Staudt mit dem Denkmal von Kaiser Wilhelm I. Sein Enkel, Kaiser Wilhelm II., trank hier seinerzeit gern einen Tee.

(Lieblingsmotiv von Maler Lyonel Feininger) und die Residenz Bleichröder mit der Skulptur der Göttin Diana im Garten.

Auch wenn die repräsentativsten Villen damit abgehakt wären: Es wird nicht langweilig auf dem Weg nach Ahlbeck, dem dritten der Kaiserbäder. Hier wird der Baustil wieder etwas zurückhaltender, die Gebäude bescheidener und die Tour – gefährlicher. Denn plötzlich schleicht sich dieser Gedanke ins Hirn wie die Möwe an die Pommes: Wäre es nicht schön, wenn man selbst so eine Villa hätte? Ein Haus am Meer ...

FAZIT: MAN MUSS NICHT VIEL VON ARCHITEKTUR VERSTEHEN, UM VON DEN VILLEN IN DEN KAISERBÄDERN IN IHREN BANN GEZOGEN ZU WERDEN.

DEM ADLER HINTERHER

#22

Birdwatching ist ja immer so eine Sache. Man weiß nie, was einem vor die Linse fliegt. Im Stadtbruch bei Anklam wird es aber sehr sicher ein Seeadler sein. An keinem anderen Ort in Europa leben sie in einer solchen Dichte.

#EagleLove #2MeterSpannbreite #HorstimForst

Einmal waren es mehr als 200. Der ungewöhnlich heiße Sommer im Jahr 2018 hatte die Polder trockengelegt und den großen Vögeln fette Beute beschert. Das üppige Büfett lockte erst Seeadler aus dem ganzen südlichen Ostseeraum an, dann Naturfotografen aus dem ganzen Land. Bis zu 20 dieser Greifvögel zählten sie mitunter auf einem Bild – und konnten ihr Glück kaum fassen.

So viele Seeadler wie in jenem Sommer wird man auf dieser Tour wohl nicht zu sehen bekommen. Doch den einen oder anderen garantiert. Übersehen kann man sie nicht – bis zu 2,50 Meter misst ihre Flügelspannbreite; auch wenn er sitzt, ist der Greif ein Riese. Und es sind viele: Vor ein paar Jahren belief sich die Seeadler-Dichte hier in Deutschlands größtem Hochmoorwald noch auf einen Horst pro Quadratkilometer. 2004 lebten sogar 16 Paare auf 14 Quadratkilometern. Heute brüten hier etwa zehn – in Europa ist das immer noch Spitze.

Hin & weg: Bis Anklam oder Ducherow mit dem Zug; dann weiter mit dem Rad auf eigene Faust oder – Tipp! – mit einer geführten Tour ab Bahnhof Anklam. Termine und Buchung unter www.abenteuer-flusslandschaft.de

Beste Zeit: Adlersaison ist ja eigentlich immer; wer ohne Führung unterwegs ist, geht am besten in aller Früh los.

Dauer & Strecke: Je nach Tourenführung 3–4,5 Std., 4–9 km.

Ausrüstung: Feste Schuhe, Fernglas, Kamera mit Teleobjektiv.

Auch im Sitzen ein Riese: Weibliche Seeadler erreichen ein Gewicht bis zu 6 Kilo, männliche werden bis zu 5,2 Kilo schwer.

Es grenzt ohnehin fast an ein Wunder, dass es den Seeadler in unseren Breiten noch gibt. Einst fühlte er sich in ganz Mitteleuropa heimisch. Doch nachdem im Jahr 1848 auch Bürgerlichen erlaubt wurde, ihn zu jagen, war er nicht mehr sicher; die Menschen sahen in ihm damals einen Nahrungskonkurrenten. Nur in schwer zugänglichen Gebieten wie diesem Moor bei Anklam konnte er überleben. Ein Pärchen brütete hier immer.

»Dass sich der Bestand Ende der 1990er-Jahre mehr als verzehnfachte, lag übrigens nicht, wie lange vermutet, nur an den Renaturierungsmaßnahmen, die in der zuvor landwirtschaftlich genutzten Region nach der Wende griffen«, weiß Günther Hoffmann, Naturführer im Stadtbruch, zu berichten, »es lag an der Kolonie aus Kormoranen, die sich hier nach der Wiedervernässung ansiedelte.« Seeadler füttern ihre Jungen nämlich gern mit gerade flügge gewordenen Kormoranen.

Beobachten kann man den Seeadler übrigens das ganze Jahr. Immer gibt es was zu gucken. Im Oktober und November macht er sein Nest schick für den Nachwuchs. Im Dezember und Januar geht er auf Balz. Februar bis April werden die Eier gelegt und ausgebrütet. Von April bis Anfang Juli kann man sehen, wie die Adler ihre Küken füttern und von Juli bis September, wie sie den Jungtieren das Jagen zeigen.

Am besten macht man sich direkt nach Sonnenaufgang auf, dann ist die Chance groß, den Räuber zu sehen, während er sein Frühstück jagt. Gelaufen wird dort, wo Wege sind (weite Teile des Stadtbruchs sind schlicht nicht zugänglich), zum Beispiel über 2,5 km auf dem alten Bahndamm, der zur Karniner Brücke führt. 2,50 Meter über dem Moor läuft man hier und genießt weite Blicke in eine außergewöhnliche Landschaft.

Und plötzlich ist er da. Hoch über den Köpfen zieht der Seeadler majestätisch seine Kreise. Das Fernglas zoomt ihn heran: den langen, kräftigen Hals weit vorgestreckt, die Schwingen breit wie Bretter, die kurzen Schwanzfedern leuchtend weiß.

FAZIT: AUCH OHNE SEEADLER IST DIE LANDSCHAFT DES STADTBRUCHS EIN ERLEBNIS. DER GROßE GREIF SETZT DEM GANZEN ABER DIE KRONE AUF.

2. KAPITEL AUSFLÜGE

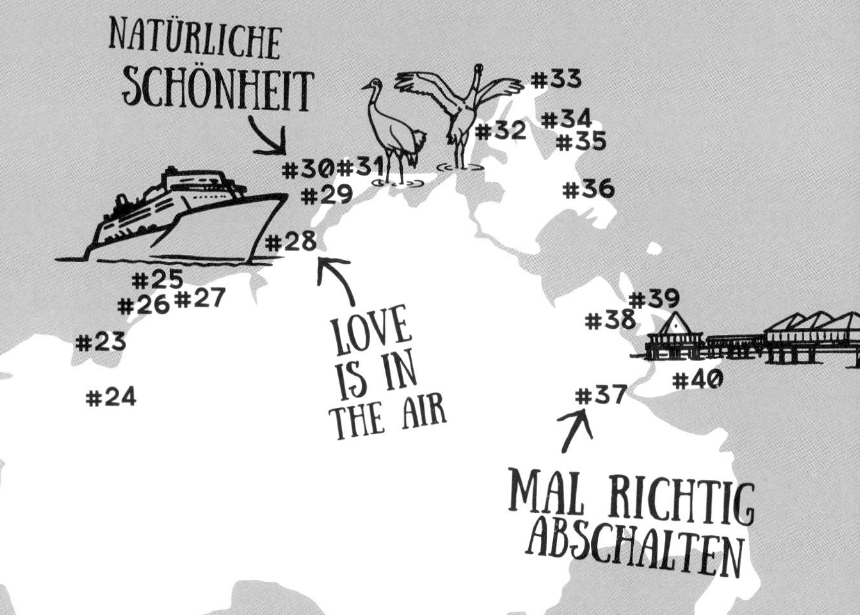

Raus für einen Tag

Sich einen Tag mal ausklinken – mit Picknickkorb oder Buddeleimer, mit Flip Flops oder Wanderschuhen, mit Kamera oder rosaroter Brille, auf jeden Fall: glücklich!

12H

PICKNICK MIT MEERBLICK

... auf der Insel Poel

Wohin nur mit Korb und Decke? Steilküste oder Strand, Sandbank oder Strandkorb ... Poel hat einfach zu viele schöne Plätze für ein Picknick! Doch dann steht man in einer Szenerie wie aus einem Gemälde – und hat keine Fragen mehr.

#PicknickwithaView #RastamMeer #Gorillakraulen

Einfach genießen: den Ausblick, den Augenblick – das Picknick.

Heute mal kein schnelles Fischbrötchen auf die Hand, sondern ein Picknick mit allem Pipapo. Mit Decke und Korb. Mit Servietten und Salat. Mit Pasten und Pasteten. Mit Kaffee in der Thermoskanne und Sanddorn im Saft. Wie lange ist es her, dass man sein Essen im Freien ausgiebig zelebriert hat? Na also: Es ist höchste Zeit!

Es geht nach Poel, die kleine Insel vor Wismar, die sich über fast 40 Quadratkilometer in der Ostsee langmacht und dabei auf der Landkarte den Umriss eines Gorillas mimt, der sich auf die Arme stützt. Doch mit Affen hat die Insel nichts zu tun. »Flaches Land«, soll der Name ursprünglich im Slawischen bedeutet haben. Andere sagen, Poel stamme von Phol, dem germanischen Gott des Lichts.

Platt oder lichtgeflutet – beides beschreibt die Insel an einem schönen Morgen im Frühjahr sehr gut, wenn der Raps blüht (der hier übrigens in großem Stil gezüchtet wird). Denn dann leuchtet das flache Land so sehr, als hätte es die Sonne auf die Erde geholt.

Am Strand von Gollwitz – auf der Karte im Nacken des Affen gelegen – fühlt man sich bereits am Ziel. Was für ein ungewöhnlicher Ort: Man könnte die Pickneckdecke direkt auf

Schon die erste Station verführt zum Bleiben: die Sandbank vor Gollwitz. Klar und flach ist das Wasser hier, man kann sich reinlegen wie in eine Badewanne.

einer Sandbank ausrollen und beim Essen abwechselnd auf das Meer, die Steilküste und die angrenzende Vogelschutzinsel blicken (siehe Eskapade #3). Dafür müssten die Sachen nur ein paar Meter durch knietiefes Wasser geschleppt werden. Doch es locken weitere traumhafte Orte für ein Essen im Freien.

Die Strände von Gollwitz und Schwarzer Busch verbindet ein herrlicher Rad- und Wanderweg, der direkt oberhalb der Steilküste verläuft und auch Teil des Ostseeradwegs ist (siehe Eskapade #42). Zu Fuß geht es hier nun lang – dem Affen wollen wir den Rücken kraulen. Dabei schweift der Blick durch die Bäume direkt auf das Meer, das von hier oben betrachtet eine ganz besondere Tiefe hat. Radfahrer überholen die Wanderer. Vielleicht auch Kutschen – und lassen Pferdeäpfel als Souvenir auf dem Weg zurück. Rechter Hand ein Rastplatz mit überdachtem Tisch samt Bänken. Bleiben oder weitergehen? Auf jeden Fall den Ausblick genießen. Dann doch weiter, es läuft sich so schön mit Meerblick. Gut zwei Kilometer später dann ein Ort, wie man

---

Hin & weg: Ab ZOB Wismar mit dem Bus nach Gollwitz; zurück geht es mit dem Boot von Kirchdorf (zuvor über Fahrzeiten informieren: www.adler-schiffe.de). Im Juli und August verkehrt die MS Salzhaff zwischen Rerik und Gollwitz, mit einem Aufenthalt von 4 Std. (www.ms-ostseebad-rerik.de).

Beste Zeit: Frühjahr–Herbst.

Dauer & Strecke: Je nach Picknickdauer 4–5 Std., ca. 6 km.

Ausrüstung: Gefüllter Picknickkorb, Decke, Badesachen.

Der hübsche kleine Hafen von Kirchdorf: Von hier starten die Fähren zurück nach Wismar. Etwa eine Stunde dauert die Überfahrt.

ihn sonst auf Gemälden findet: Malerisch flankieren zwei hohe Bäume einen atemberaubenden Ausblick, das Meer liegt einem zu Füßen. Hier will man bleiben! Decke ausrollen, niederlassen, genießen. Später geht es noch kurz an den Strand von Schwarzer Busch, der in der Hochsaison sehr voll sein kann. Dann weiter nach Kirchdorf, dem Hauptort der Insel. Von hier fährt das Schiff innerhalb einer Stunde zurück nach Wismar. Wenn im Hafen der Hansestadt dann der Geruch von frischem Fisch in die Nase strömt, keimt der Gedanke an die nächste Mahlzeit. Warum den leeren Picknickkorb nicht mit etwas Dorsch für den Abend füllen? Denn so ganz ohne Fisch geht es ja doch nicht.

FAZIT: MAN KANN AUF POEL NATÜRLICH WUNDERBAR EINEN GANZEN URLAUB VERBRINGEN. ABER AUCH FÜR EINE LANDPARTIE IST DIE INSEL BESTENS GEEIGNET.

RADEL UND ADEL

#24

Die »Blaue 8« führt auf über 65 Kilometern um den Schweriner Außensee und den Innensee herum und zu so manchem Schloss und Gutshaus. Weniger ambitionierte Radler machen aus der 8 ein S – und haben am Ende trotzdem viel gesehen.

#Seeblick #einmalrum #wieimMärchen

Hurra, das Ziel ist erreicht: Im Burggarten des Schweriner Schlosses kann man sich kaum sattsehen an Seeblick, Säulengang und Orangerie.

Was nicht ist, kann ja noch werden. Tatsächlich entspannt man mit jedem Kilometer, genießt mehr und mehr die Ausblicke über das funkelnde Wasser, nimmt es gelassen, wenn der Weg etwas holprig wird (wie oben im Norden zwischen Hohen Viecheln und Flessenow) und erfrischt sich ab und an beim Bad im See.

Wer nicht die ganze Acht fahren will, entscheidet sich für ein Teilstück, das obere oder das untere, also Außensee oder Innensee. Oder er macht aus der 8 ein S, beginnt in Bad Kleinen, fährt das Westufer des Außensees entlang und bei Wickendorf rüber nach Rampe, von dort weiter am Ostufer des Innensees nach Schwerin – und umfährt somit ein paar holprige Stellen. Pausen bieten sich im Hofladen von Schloss Wiligrad bei Lübsdorf an, in der Seewarte auf dem Paulsdamm (seewarte-schwerin.de) sowie im Schlosscafé des Gutshauses Leezen. In Raben Steinfeld in der südöstlichen Ecke des Sees unbedingt vom Rad steigen und die englischen Häuser und den Findlingsgarten angucken.

Am Ende sollte noch genug Puste sein für Schwerin mit seinem Märchenschloss, das auf einer Insel direkt im See thront. In den Sälen und Kammern sitzt der Landtag von Meck-

Die Acht ist klar erkennbar. Es bedarf nicht viel Fantasie, die Ziffer auf der Karte auszumachen: die obere Schlinge um den Außensee, die untere um den Innensee. In der Mitte, auf dem Paulsdamm aus dem Jahr 1842, liegt der Knoten. Doch dreht man den Plan um 90 Grad, zeigt sich, was der symbolhafte Umriss wirklich bedeutet: Dann wird die 8 zum Zeichen für Unendlichkeit.

Tatsächlich fühlt man sich nach den ersten Kilometern im Sattel ein wenig wie in einer Endlosschleife. Es zieht sich. Schließlich ist der Schweriner See der viertgrößte in Deutschland, in Norddeutschland der zweitgrößte nach der Müritz. Die Blaue 8 ist also nichts für Menschen mit dünnen Geduldsfäden. Eher für solche, die das große Ganze im Blick haben und ganz bei sich sind.

Hin & weg: Mit dem Zug bis Schwerin oder Bad Kleinen; dann weiter mit dem Rad.

Beste Zeit: Frühjahr–Herbst.

Dauer & Strecke: Je nach Kondition und Pausen 4–8 Std. – 65 km misst die Blaue 8, 35 km die S-Form.

Ausrüstung: Rad, Proviant, Badesachen.

Ein Bild von einem See – gesehen durch den Rahmen des polnischen Künstlers Kamil Kuskowski im schönen Burggarten von Schwerin.

lenburg-Vorpommern, im Keller spukt Kobold Petermännchen. Beides wird man nicht zu Gesicht bekommen, dafür viel anderes. Eine aus Findlingen aufgetürmte Grotte im Burggarten zum Beispiel, die einladende Orangerie, den schönen Muschelbrunnen.

Und dann klettert man ein paar Treppen hinauf auf eine kleine Terrasse und genießt den Blick auf den See, der ganz friedlich daliegt. Eingerahmt von seinen Ufern wirkt er alles andere als – unendlich.

FAZIT: AM MEER UND SEINEN STRÄNDEN SATTGESEHEN, ABER SO GANZ OHNE WASSER GEHT ES NUN AUCH WIEDER NICHT? DANN IST DIESE TOUR GENAU DIE RICHTIGE.

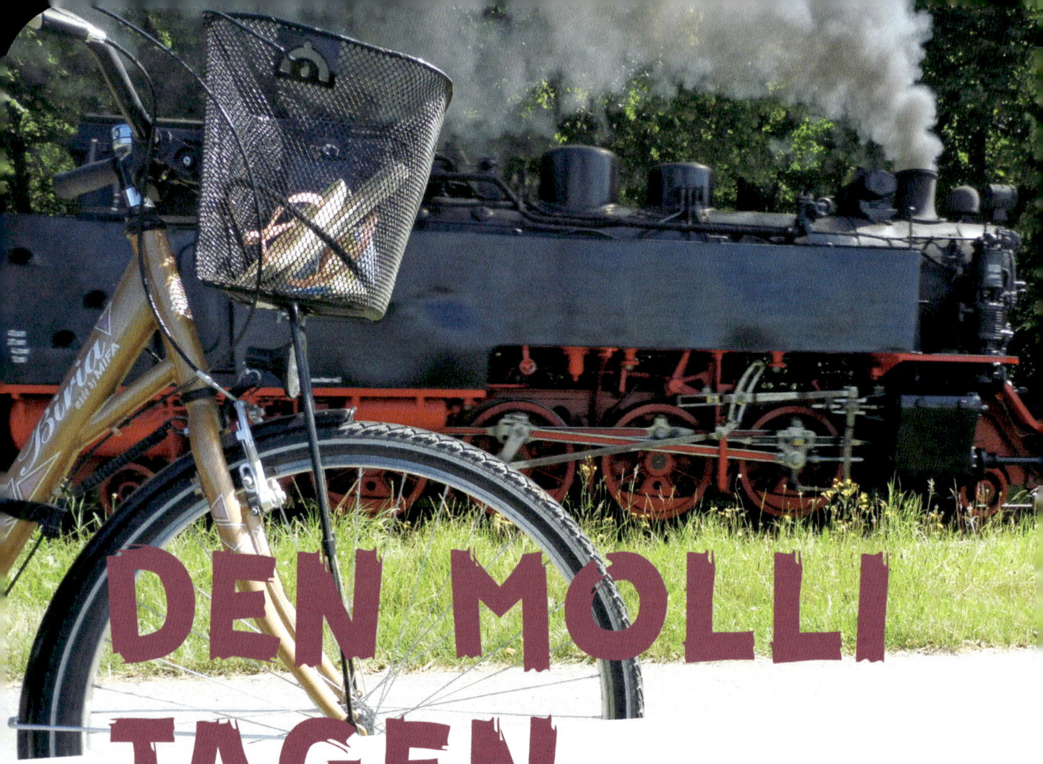

DEN MOLLI JAGEN

... von Kühlungsborn nach Bad Doberan

#25

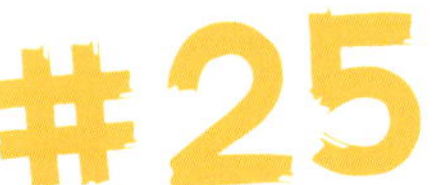

Zwischen Bad Doberan und Kühlungsborn verkehrt regelmäßig ein schöner Nostalgiezug: der »Molli«. Und er nimmt nicht nur Passagiere, sondern auch Fahrräder mit. Eine Tour neben der Spur und eine Fahrt mit Geschichte.

#sovielNostalgiewarnie #nebenderSpur #bimmel

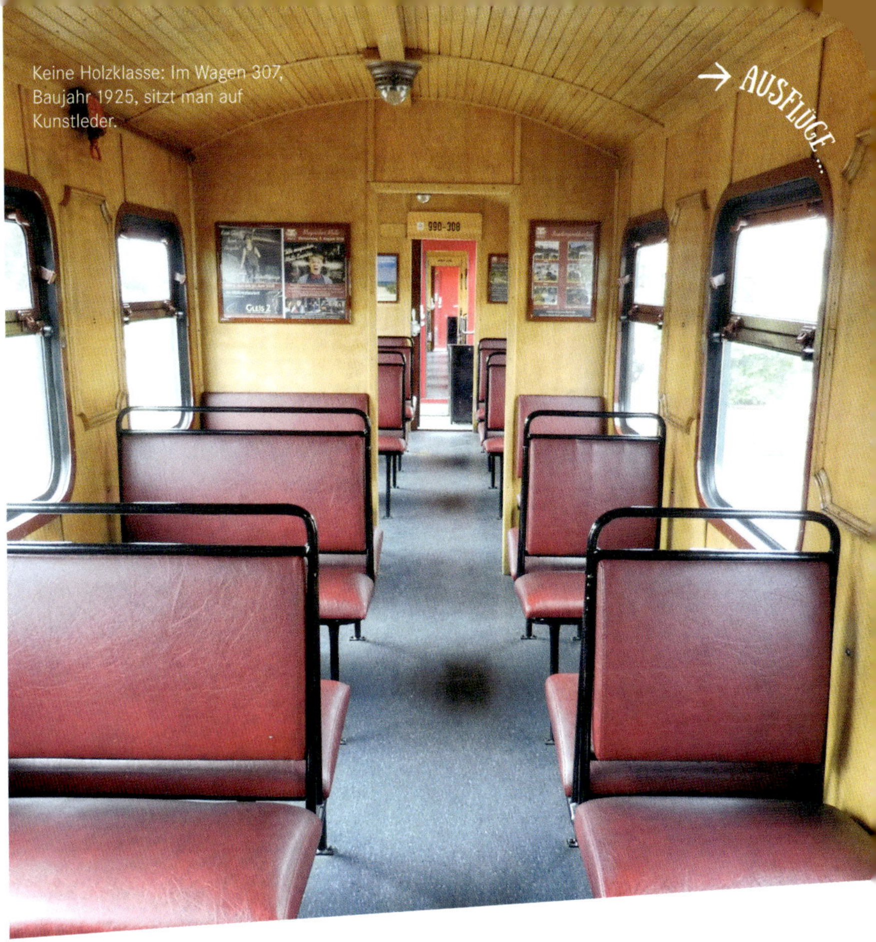

Keine Holzklasse: Im Wagen 307, Baujahr 1925, sitzt man auf Kunstleder.

Die alte Dame kann so schnell doch nicht sein, dass das Fahrrad sie nicht einholen könnte. So schwer schnaubend, wie sich die betagte Lok durch die Landschaft schiebt, permanent Dampf und Geräusche ausstoßend, als müsste sie jedem zeigen, dass sie nicht aus dem letzten Loch pfeift. Schmalspur halt – was will man erwarten?

Hier zwischen Heiligendamm und Bad Doberan, wo der Radweg direkt neben den Gleisen verläuft, soll sich zeigen, wer schneller ist. Von hinten schiebt sich der Molli heran. Also in die Pedale getreten und den Wettkampf angenommen! Schnell kommt die schwarze Lok näher, immer näher. Schon zieht sie dampfend vorbei. Dann der erste Wagen, der zweite, der ... Tatsächlich dauert es nur wenige Pedaltritte, schon hat der Molli den Radler überholt und zeigt keck die Schlusslichter. Bis zu 50 Kilometer pro Stunde schafft die 460 PS starke Maschine, der Radler bleibt auf der Strecke.

Am Bahnhof Kühlungsborn-West waren sie sich zum ersten Mal begegnet: Molli und Radler.

Wenn auch jeder in seiner Spur. Der Molli war auf seinen Gleisen abgedampft, der Radler auf der Straße. Später trennten sich die Wege, fuhr der Molli durch die Felder und der Radler direkt an der Küste entlang. Am Meer hörte man den Molli pfeifen, als wollte er Verstecken spielen – und kümmerte sich darum wenig: Die See nämlich, sie lag einem dort zu Füßen.

In Heiligendamm rollte das Rad zu den schönen Villen am Strand. Sie sind noch älter als der Molli – wurden aber lange nicht so gut

Heiligendamm mit Grand Hotel (oben) und noch unsanierter Villa der »Perlenkette« (unten).

gepflegt. »Die weiße Stadt am Meer«, einst als erstes deutsches Seebad gegründet, trug über viele Jahre ein verwahrlostes Seniorengrau – Fassaden bröckelten, Scheiben splitterten. Jetzt wird saniert, bald strahlt auch das letzte Glied der »Perlenkette«, wie die sieben Villen am Strand genannt werden, in küstenfrischem Weiß. Ein Blick von der Seebrücke, dann ging es rechts aus dem Ort hinaus – zur Molli-Jagd.

Wer sich mit dem Molli messen will, muss auf den Fahrplan gucken. Zwei Züge sind unterwegs, einer pro Richtung; gut eine Stunde braucht der Zug von Bad Doberan nach Kühlungsborn. Wenn der Molli in Heiligendamm erwartet wird, hat man ihn wenig später neben sich auf den Gleisen – und bald vor sich.

Danach wird kein Molli mehr kommen. Also im eigenen Tempo weiterradeln, bis zur Galopprennbahn, der ältesten ganz Europas, und dann nach Bad Doberan. Dort das Münster mit seiner einzigartigen hochgotischen Innenausstattung anschauen, dann vorbei an Klostergarten und -ruine zum Endbahnhof des Molli: Da steht er schon und schnaubt.

Hintenan hängt der wohl schönste Fahrradwagen der Welt. Man selbst nimmt im Wagen davor auf rot gepolsterten Holzbänken Platz und schaut zu, wie sich der alte Zug mitten durch die Stadt schiebt, dicht vorbei an Fassaden und Schaufenstern, an Gehwegen und Passanten, die fleißig winken. Der Dampf hüllt den Molli ein und kriecht in die Nase. Es riecht nach Zündplättchen aus Kindertagen ...

FAZIT: KLAR MACHT ES SPAß, IM MOLLI ZU FAHREN – ERST RECHT, WANN MAN IHN VORHER EIN BISSCHEN GEJAGT HAT.

Hin & weg: Mit dem Auto nach Kühlungsborn-West; dort startet die Radtour (und befindet sich auch das Molli-Museum).

Beste Zeit: Ganzjährig bei schönem Wetter. Infos zum Molli: www.molli-bahn.de

Dauer & Strecke: 6–7 Std.; mit dem Rad 17 km, mit dem Molli 15 km.

Ausrüstung: Fahrrad.

NACKT WANDERN

… von Kühlungsborn nach Rerik

#26

Ja, die östliche Ostsee ist natürlich für eines bekannt: für Freie Körperkultur. Aber nackt im Sand liegen kann jeder. Jetzt wird nackt gewandert! Also Klamotten runter – und die Freiheit auf der Haut spüren.

#Naturismus #nacktaktiv #ichbindannmalnackt

So ganz ohne geht es nicht. Der Sonnenhut muss auf den Kopf, der Rucksack auf die Schulter. Auch die Schuhe müssen mit – man wird sie bald brauchen, hinter Kühlungsborn soll es steinig werden. Dann noch eine Schicht Sonnencreme auf die nackte Haut und die Schamgefühle genauso weggesteckt wie Kleid und Bikini ... es kann losgehen.

Nacktwandern hat sich in den letzten Jahren zu einem wahren Trend entwickelt. In der Heide und im Harz wurden die ersten Nacktwanderwege installiert, weitere sind in Planung. Dabei greifen die Naturalisten auf eine lange Tradition zurück: Schon die alten Griechen und Römer waren gern nackt aktiv und traten etwa bei den Olympischen Spielen ohne Lendenschurz an.

Selbst Goethe, der gern bar aller Kleider in Gebirgsflüsse sprang, fantasierte sich in »Dichtung und Wahrheit« ganz nackt zwischen »willkommne Gewässer«. Und in den 1920er-Jahren bekam das Nacktwandern in der Lebensreformbewegung neuen Auftrieb, für die etwa auch Hermann Hesse blankzog. Auch wenn man dafür nicht viel braucht, so gehört doch einiges dazu, sich einfach auszuziehen und nackt durch die Landschaft zu wandeln. Für den Anfang macht sich daher eine Strandwanderung gut. Denn anders als im Gebirge ist man den Anblick hüllenloser Menschen hier gewohnt.

Hin & weg: Mit Auto oder Molli nach Kühlungsborn-West; von dort an den westlichsten Strand.

Beste Zeit: Sommer.

Dauer & Strecke: Je nach Badestopps und Sonnenbad 3–6 Std., ca. 10 km.

Ausrüstung: Festes Schuhwerk, Rucksack für die Kleider, Sonnenschutz, Verpflegung.

Der FKK-Strand ist die Komfortzone des Nacktwanderers. Doch die muss er bald verlassen.

Vor allem im Osten der Ostsee, wo die Freie Körperkultur bekanntlich Tradition hat, konnte man doch auf diese Weise dem System mehr als nur die nackte Schulter zeigen.

Der Strand zwischen Kühlungsborn und Rerik eignet sich besonders gut fürs unbekleidete Strandwandern: Denn zwischen den FKK-Stränden der beiden Ferienorte liegt nur Natur. Wanderer dürften kaum des Weges kommen. Auch bietet das Gelände reichlich Abwechslung. Hinter den belebten Badeorten wird der feine Sandstrand schnell zu wildem Naturstrand.

Schon nach den ersten Schritten spürt man, wovon die Naturisten immer schwärmen: Wind und Sonne auf der Haut, der Körper scheint mit der Natur zu verschmelzen – tatsächlich, es hat was. Doch kaum hat man den FKK-Strand verlassen, meldet sich die Scham zurück. Unweigerlich zieht man das Tempo an. Bald läuft der Schweiß – und zwar ungehindert den Körper herunter, keine Kleider halten ihn auf. Auch das ein neues Gefühl.

Es dauert etwas, bis man entspannt, den Strand nicht mehr leicht panisch mit den Augen nach anderen Spaziergängern absucht und bei Begegnungen selbstbewusst grüßt, statt verschämt den Blick auf den Horizont zu heften. Doch irgendwann klappt sogar das. Dann könnte man ewig so weiterlaufen.

Wenn man Stunden später den Bikini wieder anzieht, kneift er am Körper. Ein Sonnenbrand? Oder will die Haut einfach nur aus Prinzip gegen den Arrest protestieren? Sie weiß ja jetzt, was Freiheit ist ...

FAZIT: DER STRAND ZWISCHEN RERIK UND KÜHLUNGSBORN IST IDEAL FÜR ALLE, DIE DAS NACKTWANDERN FÜR SICH AUSPROBIEREN MÖCHTEN.

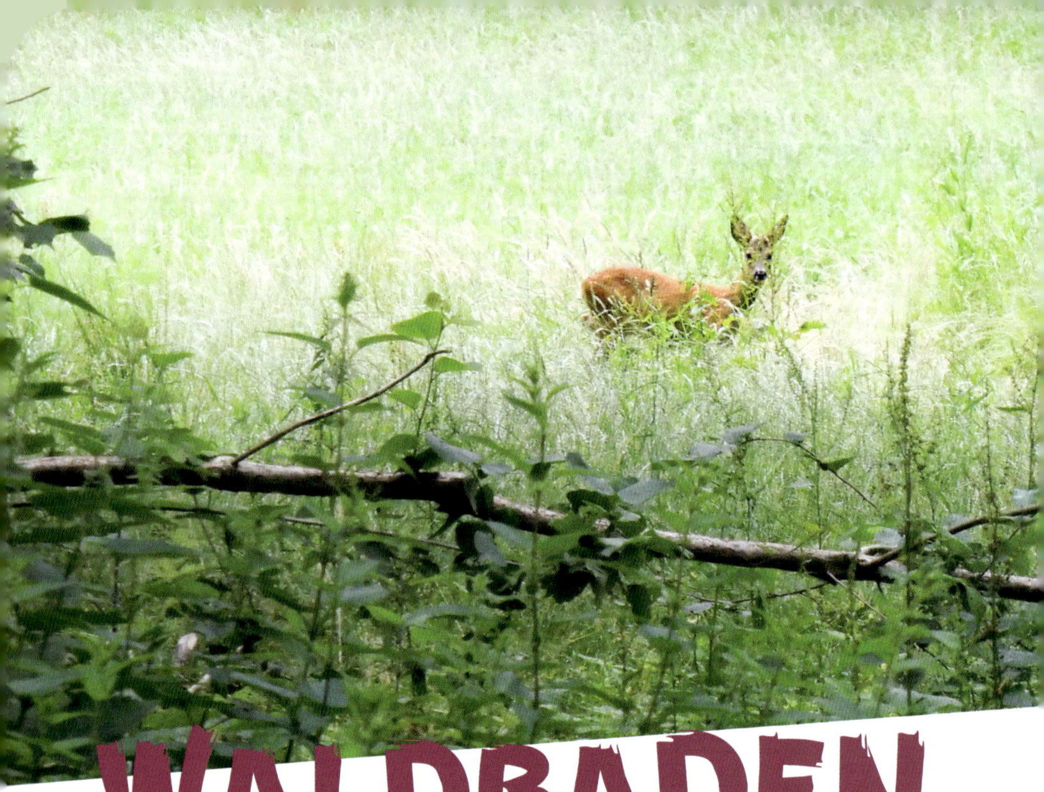

WALDBADEN

... in Kühlungsborn

#27

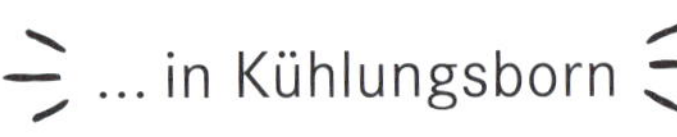

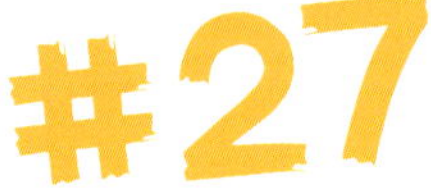

Meer oder Berge, Wald oder Strand? Wer darüber tatsächlich noch nachdenken muss, findet die Antwort in Kühlungsborn. Denn da liegt nicht nur das kleinste Mittelgebirge Deutschlands direkt vor der Stadt, sondern auch ein herrlicher Wald mittendrin.

#LuxusfürdieLunge #MiniMittelgebirge #warumentwederoder?

Kaum zu glauben, dieser Wald liegt mitten im Ort.

Wie eine Perle in der Muschel liegt der Wald mitten in Kühlungsborn. Aber wie eine, die so groß geraten ist, dass sie fast die Schale sprengt: Denn der Stadtwald ist, verglichen zur restlichen Fläche von Kühlungsborn, riesig. Ein mal eineinhalb Kilometer misst er, 133 Hektar. Ein richtiger Wald mit Wanderwegen und Wegweisern, mit Rastplätzen und Lichtungen, mit aufgetürmten Baumstämmen und kleinen Wasserläufen.

Man hört den Molli fauchen und das Meer rauschen. Man hört Vögel zwitschern und Äste knacksen. Und wenn plötzlich ein Reh im Rasen steht und mit seinen großen schwarzen Augen überrascht herüberschaut, vergisst man völlig, dass man eigentlich mitten in der Stadt ist.

Die meisten Bäume wurden nach dem Krieg gepflanzt, als dringend Holz gebraucht wurde. Kiefern und Fichten sorgten für schnellen Nachschub – und prägten den Wald. Jetzt soll er zu einem naturnahen Mischwald aus Laub- und Nadelbäumen umgeformt werden. Damit sich noch mehr Tiere und Pflanzen hier wohlfühlen. Der Spaziergänger tut es schon jetzt. Viel zu schnell ist der Wald zu Ende, steht man plötzlich wieder an einer Straße und wird von vorbeieilenden Autos zurückgeholt in die Urbanität. Doch es soll nicht der letzte Wald

Im Stadtwald von Kühlungsborn weisen Schilder den Weg (links unten). In der Kühlung (rechts) geht es erstmal der Nase nach.

gewesen sein für heute. Rechts geht es die große Straße hoch und raus aus der Stadt. Ziegen meckern, Lamas glotzen, Schäfchen schlafen. Dann am Ortsausgangsschild rechts hoch in die Kühlung.

Es ist ein Mittelgebirge en miniature: elf Kilometer lang, bis zu drei Kilometer breit, bis zu 130 Meter hoch, entstanden während der Eiszeit aus einer Stauchmoräne. Natürlich geht es erstmal bergauf. Und kaum ist man oben, fasziniert der Ausblick. Da hinten, der blaue Streifen am Horizont, es ist das Meer. Davor wellt sich das Land zum Wasser herab, schweift der Blick über Wiesen und Felder.

Mit dem Meer im Rücken geht es hinein in die Kühlung, die ihren Namen nicht etwa dem Frische-Effekt verdankt, den man im Schatten hoher Bäume verspürt, sondern den Kuhlen: den kleinen Tälern und Senken, die hier einst durch langsam geschmolzene Alteisblöcke entstanden. Schon mal was von Waldbaden gehört? Hier in der Kühlung könnte man üben, was in Japan schon längst Medizin ist und hierzulande langsam Trend wird: in den Wald mit allen Sinnen bewusst eintauchen.

Auf dem Weg zurück in die Stadt fällt rechter Hand ein alter Holzturm auf. Er gehört zu

---

Hin & weg: Mit Molli oder Bus nach Kühlungsborn-West.

Beste Zeit: Frühjahr–Herbst.

Dauer & Strecke: 4–5 Std., ca. 15 km.

Ausrüstung: Wanderschuhe, Proviant.

Die Johanniskirche liegt malerisch am Wegesrand. Hier sind nicht nur die Engel barfuß.

einer Kirche, die Tür steht einladend offen. Keine Seele sonst. Ganz allein steht man in einem schönen Kirchenbau, der so schlicht ist, dass die wenigen geschnitzten Figuren alle Aufmerksamkeit erhalten. Die Kanzel aus dem Jahr 1698 zeigt die Evangelisten barfuß; es ist eine Besonderheit der Johanniskirche, wird man später lesen.

Die eigenen Füße wollen jetzt auch raus aus den Schuhen. Also weiter, an den Strand, wo sich die Zehen glücklich in den Sand graben.

FAZIT: GIBT ES EINE ÜBERDOSIS AN GUTER LUFT? WER VOM STRAND IN DEN WALD GEHT, SCHICKT SEINE ATEMWEGE IN DEN WELLNESSURLAUB.

LOVE IS IN THE AIR

... in Graal-Müritz und Warnemünde 

In Graal-Müritz liegt so einiges in der Luft. Dafür sorgen allein schon das Meer und der Wald, die reichlich Salz, Jod und Sauerstoff abgeben. Doch – und das beweisen sehr berühmte Gäste – scheint daneben noch etwas anderes die Luft anzureichern: die Liebe!

#großeGefühle #großeLiteratur #mancherleiBlau #vollerGeheimnisse

Ins Waldhotel folgte einst Musil einer schönen Unbekannten. Später wurde sie seine Frau.

Robert Musil, »Der Mann ohne Eigenschaften«, verguckte sich einst auf dem Bahnhof in Rostock in eine Frau, die in einen Zug stieg. Und folgte ihr. In Graal stieg die Dame aus und checkte im heutigen Waldhotel ein. Musil tat es ihr nach, nahm jene Martha Marcovaldi später zur Frau und erwähnte den Ort an der Ostsee sogar in seinem großen Roman. Heute erinnert eine Tafel vor dem Hotel an den berühmten Gast.

Wenige Schritte weiter verlebte Kurt Tucholsky im Jahr 1920 in der Pension Buchenhof seine Flitterwochen mit Else Weil. In dem sonnengelb leuchtenden Gebäude ist heute das Heimatmuseum untergebracht. Den Schriftstel-

lern, die einst nach Graal-Müritz kamen, wird hier viel Raum gegeben. Kein Wunder, denn es waren erstaunlich viele. Und erstaunlich viele verliebten sich hier.

Franz Kafka kam im Sommer 1923 nach Müritz, bezog die Pension Glückauf in der Strandstraße und sah aus dem Fenster einer jungen Kinderbetreuerin im benachbarten Ferienheim bei der Arbeit zu. Im letzten Sommer seines Lebens verliebte er sich in jene Dora Diamant, und sie sollte von da an bis zu seinem Tod an seiner Seite bleiben.

Die Pension gibt es nicht mehr, an ihrer Stelle steht ein gesichtsloser Neubau. Auch das Kinderheim wurde abgerissen, eine Treppe aus dem Haus steht im Heimatmuseum.

Sehenswerter ist da die Villa Martha in der Strandstraße 16 (früher Pension Meeresblick), nur wenige Schritte weiter: Eine Villa Kunterbunt mit Pony auf dem Hof. Hier verbrachte Erich Kästner einst unbeschwerte Kindertage. Für die Liebe noch zu jung, empfand er dennoch große Gefühle: für das Meer – »diesen atemberaubend grenzenlosen Spiegel aus

---

Hin & weg: Vom Bahnhof Graal-Müritz mit dem Rad weiter; zurück von Warnemünde mit der Bahn.

Beste Zeit: Ganzjährig.

Dauer & Strecke: Ca. 5 Std., 22 km (ohne Abstecher nach Warnemünde nur etwa 7 km).

Ausrüstung: Faltblatt über die Schriftsteller in Graal-Müritz (gibt es in der Touristeninfo), Fahrrad, Verpflegung.

Im Heimatmuseum: Erinnerungen an Kafka, der in dem Seebad einst Erholung suchte - und seine letzte große Liebe fand.

Flaschengrün und Mancherleiblau und Silberglanz ... Tränen trübten den ersten Blick ins Unendliche, das selber keine Augen hat. Das Meer war groß und blind, unheimlich und voller Geheimnisse.«

Vom Schriftsteller Walter Kempowski (»Das Echolot«), der in seiner Kindheit oft von Rostock nach Graal-Müritz kam, sind zwar keine Romanzen überliefert. Allerdings hätte es ihn selbst wohl nie gegeben, wenn sich seine Eltern nicht im Jahr 1913 auf der hiesigen Seebrücke getroffen hätten.

Zu viel Romantik? Zu viel Rosarot? Dann einfach mit dem Rad quer durch die Rostocker Heide nach Warnemünde. Am Strom 53 erholte sich der Norweger Edvard Munch im Jahr 1907 von einer tiefen Lebenskrise. Auch die Trennung von seiner Verlobten Tulla Larssen fünf Jahre zuvor bereitete ihm noch Schmerzen. In Warnemünde ging es ihm zunächst besser: »Ich lebe seit dem Sommer von Haferschleim, Milch, Brot und Fisch ... Nun bin ich wie neugeboren.« Doch nach 14 Monaten musste er erkennen, dass Warnemünde und er nicht füreinander geschaffen waren: »Es ist doch auch ein furchtbar bürgerlicher Ort und passt eben nicht für mich.« Er verließ das hübsche Fischerhaus, heute ist es ein Museum.

FAZIT: SICH IN GRAAL-MÜRITZ AUF DIE SPUREN DER VIELEN SCHRIFTSTELLER ZU BEGEBEN, IST NICHT NUR SPANNEND, SONDERN OFT SEHR ROMANTISCH.

VON TÜR ZU TÜR

#29

An den Haustüren erkennt man den Darß. Denn die sind auffallend hübsch, bunt und machen gute Laune. Aber sie können noch mehr. Diese Radtour führt an die schönsten Türen der Halbinsel.

#Türengucken #Traditionleben #werbrauchtschonNottingHill?

Man sagt, sie haben magische Kräfte. Lebenskraft sollen sie schenken und vor Unglück schützen: vor Blitzschlag, vor Feuer, vor bösen Geistern. Mag sein, dass den Haustüren da etwas viel zugetraut wird. Was die hübschen bunten Türen auf dem Darß und auf dem Zingst aber auf jeden Fall können: für gute Laune sorgen. Und aus der Geschichte erzählen.

Aus einer Zeit nämlich, als die Darßer zur See fuhren. Im späten 18. Jahrhundert setzten sie die Segel, bis China und Japan kamen sie. Im

Die Darßer Türen zieren schon lange nicht mehr nur Häuser, sie sind Souvenir und Ausstellungsobjekt.

19. Jahrhundert erlebte die Seefahrerei ihre Blütezeit, brachte Wohlstand auf die Insel und veränderte sie. So wurden die Häuser nun mit der Längsseite zur Straße gebaut. Die Tür rückte ins Zentrum der Aufmerksamkeit, wurde Statussymbol und Gestaltungselement.

Der Klassizismus gab damals den Stil vor, weshalb Ornamente aus der Antike die Türen zierten: Säulen, Mäander, flache Giebel. Daneben kamen verschiedene Motive auf das Holz. Beliebt war die aufgehende Sonne, steht sie doch symbolisch für eine glückliche Rückkehr der Seeleute. Tulpen wurden gern geschnitzt, als Strauß stellen sie den Lebensbaum dar. Böse Geister hielt man mit Kreuzen fern, Blitz und Unwetter mit Pfeilen nach oben.

Mit dem Ende der Segelschifffahrt Mitte des 19. Jahrhunderts flaute auch die Tradition des Türenschnitzens ab. Fast wäre sie in Vergessenheit geraten, wenn nicht der Bürgermeister von Prerow im Jahr 1931 für das Gemeindeamt (heute Kurverwaltung) von der Tischlerei Roloff eine Tür mit den typischen Tulpen hätte schnitzen lassen: Der schönen Tradition verschaffte er damit eine Renaissance.

Anders als bei den ursprünglichen Darßer Schiffertüren, die oft nur mit einer Farbe lackiert wurden, strahlten Tulpenstrauß, Sonne und Rahmen nun in Rot, Grün, Gelb und Blau - seitdem sind die Türen also bunt. Auch kommen immer neue Motive auf: der Kranich zum Beispiel. Fische sieht man nun oft. An der Tür zur Touristeninformation in Ahrenshoop, der früheren Künstlerkolonie, prangen Farbpalette und Pinsel.

Schon lange gibt es die Darßer Tür nicht mehr nur auf dem Darß, sondern auf der gesamten Halbinsel. Am besten nimmt man das Fahrrad, um möglichst viele zu erkunden, steuert Ahrenshoop, Born, Wieck, Prerow und Zingst an - und lässt sich vor Ort ein bisschen treiben.

Um ein paar Türen wird man dabei nicht herumkommen. Um die schöne zweiflügelige vor den Kunstkaten in Ahrenshoop zum Beispiel. Oder um die historischen Türen, die das Darß-Museum in Prerow ausstellt (www.foerderverein-darss-museum.de). In Prerow gibt es sogar einen Haustürenpfad. Ein Faltblatt dazu kann man sich in der Touristeninformation besorgen - hinter eben jener Tür aus dem Jahr 1931.

FAZIT: FAHRRAD FAHREN MACHT AUF DEM DARß UND AUF DEM ZINGST GROßEN SPAß. TÜREN GUCKEN SOWIESO. WARUM NICHT BEIDES MITEINANDER VERBINDEN?

Hin & weg: Start in Ahrenshoop oder Zingst; zwischen den Orten der Route des Ostseeküstenradweges folgen; zum Ausgangsort zurück geht es mit dem Radzfatz-Bus der Linie 210 (mit Fahrradanhänger).

Beste Zeit: Die Türen sind das ganze Jahr über wunderschön.

Dauer & Strecke: 6-8 Std., ca. 30 km.

Ausrüstung: Fahrrad, Proviant, Kamera.

WILD, WILDER, WESTSTRAND

… von Ahrenshoop zum Darßer Ort

Der Weststrand ist eine natürliche Schönheit, wie sie natürlicher kaum sein kann. Diesem Beauty-Geheimnis spürt man doch gerne mal nach. Ein Muss auf der persönlichen Bucket List!

#ungeschminkt #bewildBabe #derWestwindmachtdenUnterschied #LandwegLandan

Hier wird nichts weggeräumt, weder Hüttenbauten noch Baumkraken.

Er kann einfach alles tragen. Den umgekippten Baum, der seine Wurzeln krakengleich gen Himmel streckt. Den wirren Busch, der sich ans Ufer krallt, als wüsste er nicht, wohin mit sich. Die Kiefer, die den Kopf fast in den Sand steckt, so sehr duckt sie sich vor dem Wind. Nein, diesen Strand entstellt wirklich nichts. Im Gegenteil, vermeintliche Makel machen ihn nur interessanter – wie der Schönheitsfleck das Gesicht eines Menschen.

Der Weststrand hält sich konsequent alles vom Leib, was künstlich ist. Es gibt keinen Kiosk, keine Surfschule, kein Hotel. Nur Sträucher und Bäume. Mancher Strandbesucher baut sich aus den Ästen einen Windfang oder einen

Wäscheständer. Ein anderer spannt sich eine Hängematte zwischen zwei Windflüchter. Auch Autos hält der Strand auf Abstand. Wer hierher will, muss Fahrrad fahren – oder eben laufen.

In Ahrenshoop ging es los, am Strand entlang den Darß hinauf, weiter, immer weiter. Je nördlicher man kommt, desto wilder gibt sich der Strand. Stämme, Zweige, Steine und Meergrasbüschel bilden spannende Kompositionen, die im Gesamtbild fast zu harmonisch wirken, um zufällig zusammengeweht worden zu sein. Vielmehr steht der Westwind in Verdacht, wie ein emsiger Stylist hier und da herumzuzupfen, sein Tun tunlichst vertuschend, bis alles perfekt sitzt. Man könnte ewig wandern und staunen. Und zum Glück ist der Strand lang genug, dass man seine Schönheit ganz auskosten, das wilde Element auf einen überspringen kann. 14 Kilometer misst er von Ahrenshoop bis zum Darßer Ort, dem Nordzipfel der Halbinsel, die – natürlich – von einem Leuchtturm gekrönt wird. Schon seit 1849 ist er in Betrieb, lugt rechter Hand aus den Dünen hervor.

Hin & weg: Ab Ribnitz-Damgarten mit Bus 210 nach Ahrenshoop-Ost; von dort an den Strand. Wer etwas Weg sparen will, steigt an der Haltestelle Born-Drei Eichen aus und geht über den Parkplatz Drei Eichen an den Strand. Von Prerow mit dem Bus 210 zurück nach Ahrenshoop.

Beste Zeit: Naturschönheiten haben es so an sich: Sie sind immer schön.

Dauer & Strecke: 5–6 Std., ca. 14 km.

Ausrüstung: Gutes Schuhwerk, unbedingt Proviant.

Strandwandern ist nirgends aufregender als am Weststrand auf dem Darß. Manchmal begleiten einen Drachen.

Ein paar Meter weiter riegelt ein Zaun am Strand das Naturschutzgebiet ab. Rechts geht es hoch in die Dünen, wo ein Weg aus Holzbohlen durch eine sanft geschwungene Dünenlandschaft führt. Später geht es über weichen Waldboden und an Hochsitzen vorbei. Im Herbst kann man von dort oben Hirsche beim Brunften beobachten. Kaum zu glauben, aber es ist Neuland, auf dem man hier wandelt. Erst in den letzten Jahrhunderten wurde Meter für Meter angeschwemmt, abgetragen von der Westseite der Halbinsel. Und das Gebiet wächst weiter gen Norden, jedes Jahr um mehrere Meter.

Vor dem Leuchtturm endet der Rundweg. Wer noch Puste hat, steigt die 126 Stufen der gusseisernen Wendeltreppe hinauf und genießt die Aussicht: auf das Meer, auf die Dünen und auf den Darßwald, der übrigens auch so eine Besonderheit der Landanlandung darstellt. Reffen und Riegen formten ihn – einst Dünen und Senken: Wer hier am Waldboden kratzt, hat schnell Sand zwischen den Fingern.

Der Weg, auf dem die Kutsche jetzt durch den tiefen Wald nach Prerow zurückfährt, war im 17. Jahrhundert die Küstenlinie. Kaum vorstellbar heute, da man von hier aus wohl zwei Kilometer laufen müsste, um ans Meer zu kommen. Doch davon wollen die müden Füße nichts hören – sie haben jetzt Pause.

FAZIT: KEINE FRAGE, DEN WESTSTRAND AUF DEM DARß MUSS MAN GESEHEN HABEN. AM BESTEN IN VOLLER LÄNGE.

AUF DEM WEG ZUM PROFI

... in Zingst

Im Urlaub wird jeder zum Fotografen und schießt ein Bild nach dem nächsten. Warum es nicht gleich professionell angehen: mit einer guten Kamera und spannenden Motiven? Auf dem Fotokunstpfad in Zingst – mit kostenloser Leihkamera.

#rosaroteBrille #FokusFoto #fastwieeinProfi #werbrauchtschonModels?

Anziehend und reflektierend: die »Sea Daughter« des schottischen Künstlers Rob Mulholland.

Irgendwer latscht immer durchs Bild, irgendeiner muss immer vor dem Ding posieren. Wer die überdimensionale Sonnenbrille am Strand von Zingst ohne Störfaktoren ins Bild bekommen will, muss wohl früher aufstehen. Resigniert lässt sich der Hobbyfotograf hinter den gigantischen Gläsern in den Sand plumpsen. Und guckt durch die rosarote Brille auf das Meer. Das stimmt sofort milde. Es ist ja erst der Anfang. Am »Sea Pink II« des Schweizer Bildhauers Marc Moser beginnt diese Tour auf dem Fotokunstpfad, auf dem sich acht Installationen so geschmeidig in die Landschaft schmiegen, wie sie sich dem Fotografen freundlich aufdrängen. Der Pfad wurde von dem Seebad initiiert, das sich seit 2011 als Erlebniswelt Fotografie Zingst definiert, ein so einzigartiges wie cleveres Stadtkonzept.

Nur wenige Schritte weiter steht die »Sea Daughter« des schottischen Bildhauers Rob Mulholland auf der Buhne: Es ist die Silhouette einer Frau, die ihr Gesicht in die Sonne hält. Das Material reflektiert. Am besten so postieren, dass weder man selbst noch das Verkehrsschild hinter der Düne ins Bild gerät. Oder vielleicht gerade doch?

Pro Kunstwerk sechs unterschiedliche Perspektiven finden – so wollen es die Macher des Fotokunstpfads. Na dann: die Füße verändern die Position, die Finger die Einstellungen an der Kamera. Zoom, Blende, Filter ... Der Apparat hat einiges drauf. Im Laden kostet er mehrere Hundert Euro, in Zingst bekommt ihn jeder kostenlos für bis zu drei Tage ausgeliehen – ein weiterer Baustein der Fotostadt Zingst.

Die anderen: Zweimal im Jahr holen große Fotofestivals die Profis hierher; allein das Umweltfotofestival »horizonte Zingst« Ende Mai zählt über 40 000 Besucher. Insgesamt 40 Fotoausstellungen zeigt der Ort im Jahr, viele open air – dann stehen Fotos in XXL dekorativ im öffentlichen Raum. Und das ganze Jahr über sind Workshops zu buchen:

Hin & weg: Ab Barth mit Bus 210 bis Zingst-Mitte (Haltestelle direkt vor dem Max Hünten Haus).

Beste Zeit: Ganzjährig – schöne Motive kommen einem immer vor die Linse.

Dauer & Strecke: 4–6 Std., ca. 9 km.

Ausrüstung: Eigene Kamera oder Leihkamera (gibt es unter anderem im Max Hünten Haus), Faltblatt zum Fotokunstpfad. Alle Informationen zur Fotografie in Zingst gibt's unter www.zingst.de/fotografie

---

Überall Motive: eine Sonnenbrille für Riesen, ein Fischerboot in der Morgensonne, ein Bilderrahmen in XXXXXL.

für alle. Von Amateur bis Profi. Als Kernzelle des Ganzen fungiert das 2011 eröffnete Max Hünten Haus. Hier können Freunde der Fotografie nicht nur Kameras, Stative und weiteres Zubehör ausleihen, Workshops buchen und Ausstellungen angucken, sondern sogar ihre eigenen Fotos ausdrucken. Wer mit dem Bus nach Zingst-Mitte fährt (Züge fahren nicht auf die Halbinsel), hält direkt davor.

Vor dem modernen Bau steht ein weiteres Werk des Fotokunstpfads: das »Taumascopio« des Architekten und Künstlers Mattia Paco Rizzi. Es ist eine Art begehbares Kaleidoskop, in dem man sich inmitten zahlreicher Spiegel ein Bild seiner multiplen Persönlichkeit machen kann. Zingst selbst hingegen scheint seine Identität dank der Fotografie gefunden zu haben – und ist ganz bei sich.

FAZIT: KEINE FRAGE – FÜR FREUNDE DER FOTOGRAFIE IST ZINGST DAS IDEALE OSTSEEBAD. AMATEURE SIND GENAUSO WILLKOMMEN WIE PROFIS.

EIN MEER IN LILA

#32

Es ist eine der letzten großen Küstendünenheiden an der deutschen Ostsee – und ein fast unwirklicher Ort: die Heide auf Hiddensee. Reinlaufen und staunen!

#allessoschönlila #Blütenmeer #wandern&staunen #FarbFlash

Macht weniger Wellen als die Heide: die Ostsee vor Hiddensee.

Hiddensee ist wie ein großer unberührter Tuschkasten. Die Farben sind schön sortiert und strahlen in ihrer reinsten Form. Da das Tiefblau des Meeres, dort das Sattgrün des Dornbuschs, dazwischen ein paar Farbtupfer in Schneeweiß: die Möwen. Und hier nun, voilà: Lila!

Wie ein riesiger Teppich in Violet legt sich die Heide über eine wellige Dünenlandschaft. Über 75 Hektar erstreckt sie sich; es ist eine der letzten großen Küstendünenheiden an der deutschen Ostsee. Besenheide, Kriechweide und Krähenbeere wachsen hier.

Da man die Fläche nicht für die Landwirtschaft nutzen konnte, weideten hier über Jahrhunderte die Schafe. Seit 1964 steht das Gebiet unter Schutz.

Im Hafen von Vitte geht die Wanderung los, einmal geradeaus durch den Ort und am Strand links herunter. Die Füße laufen nackt durch den Sand, während die Schuhe am Rucksack baumeln. Hinter dem Ort kommt ihr Einsatz, hoch geht es in die Dünen und ab in die Heide.

Da steht man dann und möchte sich ungläubig die Augen reiben angesichts der lila Blütenpracht. Staunend wandert man weiter, immer weiter. Dabei geht es hoch und runter, die typischen starken Westwinde haben die Dünen auf vier, fünf Meter anwachsen lassen. Wie Wellen spielen sie sich auf - ein Meer in Lila! Doch wer sich treiben lässt, sollte wachsam bleiben. Kreuzottern kriechen gern durch die Heide und beißen schon mal den, der auf sie tritt.

An der Hotelanlage Heiderose lockt eine kurze Einkehr, dann wird der Rückweg angetreten. Richtung Fährinsel geht es, der etwa einen Kilometer langen Vogelschutzinsel vor Hiddensee, Brutstätte und Rastplatz vieler seltener Seevögel. Vor der Bootsanlegestelle heißt es links in den Weg am Bodden einbiegen. Rechts wandert der Blick nach Rügen, links über Salzwiesen und kleine Wasserläufe.

Wieder sortieren sich die Farben - Grün- und Blautöne sind es jetzt - bevor im Hafen plötzlich die gesamte Palette zum Einsatz kommt. Mit den Booten, den Menschen, den Pferden. Den farbenfrohen Fischerkisten am Kai.

Von Lila zu Blau, von der Heide zum Hafen – in Vitte geht es mit der Fähre zurück.

FAZIT: WER NACH HIDDENSEE WILL, BUCHT SEINEN TRIPP AM BESTEN, WENN DIE HEIDE BLÜHT. DENN DAS MUSS MAN EINFACH GESEHEN HABEN!

Hin & weg: Mit der Fähre ab Schaprode, Wiek, Dranske, Zingst oder Breege nach Vitte auf Hiddensee.

Beste Zeit: Zur Heideblüte im August/September.

Dauer & Strecke: 2–3 Std., ca. 8 km.

Ausrüstung: Festes Schuhwerk.

ICH WILL WIND

… am Kap Arkona auf Rügen

#33

Die Sorgen des Alltags einfach vom Wind wegtragen lassen – wo geht das besser als im nördlichsten Teil von Rügen? Nicht ohne Grund nennt man die Halbinsel Wittow auch »Windland«.

#wieweggeblasen #MutterNatur #glücklichesPärchen

Das Gesicht im Wind, die Füße im Sand, so steht man da und fühlt sich plötzlich ganz klein. Wie ein Kind, dem die Mama alle Wehwehchen auf einmal wegpustet. Tatsächlich wirkt es wahre Wunder, was Mutter Natur da macht: Vergessen sind alle Sorgen des Alltags, der Stress im Job, der Ärger zu Hause – wie weggeblasen. Für einen kurzen Moment wähnt man sich liebevoll umsorgt. Bis man weitergehen will und der Gegenwind ordentlich Kontra gibt. Die Mühen des Vorankommens – sie fühlen sich dann doch wieder sehr erwachsen an. Aber es gibt Hoffnung. Und die heißt Rückenwind.

Nach gut 1,3 Kilometern Windwandern am Strand geht es über ein paar steile Treppen auf den Hochuferweg und zurück zum Kap. Zwischen Büschen und Bäumen wird der Wind milder und schubst jetzt freundlich von hinten. Ganz vorn sieht man auch schon den ersten der drei Türme, für die Kap Arkona berühmt ist: das Leuchtfeuer Kap Arkona, auch »neuer Leuchtturm« genannt, weil er als letzter des Trios im Jahr 1905 gebaut wurde. 35 Meter misst der runde Backsteinturm mit

---

Hin & weg: Ab Bergen oder Sassnitz mit Bus 12 oder 13 bis Altenkirchen und dort in Bus 11 umsteigen; dieser hält in Putgarten in der Nähe des Rügenhofes; dort die Wanderung starten.

Beste Zeit: Der Wind bläst hier nahezu immer – mal mehr, mal weniger kühl.

Dauer & Strecke: 4–5 Std., ca. 10 km.

Ausrüstung: Festes Schuhwerk, Windjacke.

Blick über das Feld auf das Türmetrio (oben links), Schinkelturm und Leuchtfeuer als glückliches Pärchen (rechts).

dem achteckigen Granitsockel, 75 Meter über dem Meeresspiegel schickt er alle 17,1 Sekunden drei Blitze in den Himmel.

Direkt daneben steht der quadratische Schinkelturm, nach dem Leuchtturm in Travemünde der zweitälteste an der deutschen Ostseeküste und seit der Eröffnung seines jüngeren Nachbarn außer Betrieb. Dass man ihn nicht abriss, liegt an der Prominenz seines Erbauers Karl Friedrich Schinkel. Und so stehen die beiden Türme dicht nebeneinander wie ein ungleiches, aber glückliches Pärchen.

Nur ein paar Schritte weiter schaut der Peilturm mit seiner imposanten Glaskuppel auf das Meer. 1927 wurde er gebaut und diente zunächst als Seefunkfeuer. Heute kann man den 23 Meter hohen Turm über 111 Stufen erklimmen und hat von oben einen schönen Blick. Auf die weite Ostsee. Auf die Reste der Jaromarsburg zu Füßen des Turmes. Und auf das alte Fischerdörfchen Vitt: das nächste Ziel der Wanderung.

Kaum einer, der sich die hübschen Reetdachhäuser und den Ausblick auf das Kap am Strand entgehen lässt: In Vitt findet man auch Schutz vor dem Wind, drückt sich das Dörfchen doch in eine kleine Schlucht. Zusätzlich schützt eine Steinmole den Hafen vor der steifen Brise.

Zurück geht es vorbei an der achteckigen kleinen Kapelle am Ortsausgang und weiter in Richtung Putgarten. Zwischen den Feldern kommt der Wind noch einmal ordentlich von vorn, während rechter Hand malerisch die Silhouette der drei Türme auftaucht.

Auf dem Rügenhof wird eingekehrt (www.kap-arkona.de/ruegenhof.html). In den ehemaligen Gutshof mit seinen Pferdeställen sind Cafés, Geschäfte und Werkstätten eingezogen. Im Gutshaus verkauft Sanddornbauer Ernst Heinemann seine Produkte und serviert rustikale Küche. Ein Sanddornpunsch ist jetzt genau das Richtige.

FAZIT: MANCH EINER REIST AN DIE SEE, UM SICH MAL ORDENTLICH DURCHPUSTEN ZU LASSEN. IM NORDEN VON RÜGEN GEHT DAS BESONDERS GUT.

FOSSILIEN FINDEN

… bei Sassnitz auf Rügen

#34

Muscheln sammeln kann jeder, Profis suchen Fossilien! Die versteinerten Reste vorzeitlicher Lebewesen findet man am besten bei Sassnitz: am Strand oder im nahen Tagebau.

#versteinerteTintenfische #derKreidezuLeibe #SouvenirsauseineranderenZeit

Frühmorgens in gebückter Haltung und mit gesenktem Kopf über den Strand von Sassnitz laufen, ab und an in die Knie gehen, im Boden herumstochern, dann weiter, den Kopf wieder nur auf den Grund geheftet. Kein Blick für die Sonne, die knapp über dem Horizont hängt. Kein Blick für die malerischen Kreidefelsen, die hinter dem Ort leuchten. Nach Spaß klingt das nicht.

Doch schon bald vergisst man Zeit und Raum – und möchte ewig so über den Strand laufen. Die Mission nämlich lautet: Fossilien sammeln. Hier zu Füßen der Kreidefelsen stehen die Chancen gut, welche zu finden – waschen doch Wind und Regen regelmäßig versteinerte Urzeittierchen aus der Kreide. Und die Wellen spülen Bernstein und andere schöne Steine vom Grund an den Strand.

Der erste Donnerkeil lässt auch nicht lange auf sich warten. Er ist das häufigste Fossil, das man an der Kreideküste finden kann, und zwischen den runden oder kantigen Steinen

---

Hin & weg: Mit Zug oder Bus nach Sassnitz; die Exkursion zum Tagebau beginnt in der Nähe des Landguts Dargast (weitere Informationen und Anmeldung unter www.kreidemuseum.de/fossilien exkursion)

Beste Zeit: Herbst–Frühjahr für die Fossiliensuche am Strand; die Exkursionen zum Tagebau finden nur Mai–Oktober statt.

Dauer & Strecke: Suche am Strand je nach Ambition 1–2 Std. und länger. Die Exkursion dauert 3 Std., 6–10 km.

Ausrüstung: Festes Schuhwerk, Beutel für die Fundstücke; für die Exkursion: möglichst spitzer Hammer, Zeitungspapier, evtl. Messer, kleine Säge und Hand- oder Zahnbürste.

So zahlreich wie die Kormorane auf der Seebrücke sind die Feuersteine am Strand. Bernstein, Donnerkeil und Seeigel muss man hingegen lange suchen.

fällt der längliche Keil besonders schnell ins Auge. »Belemnit« heißt die Versteinerung, Überreste eines urzeitlichen Kopffüßers. Mit seinen zehn Fangarmen und dem Tintenbeutel ähnelte er dem heutigen Tintenfisch, bis er vor Millionen von Jahren ausstarb.

Der Donnerkeil wandert als erster Fund in den Beutel und weckt den Ehrgeiz. Einen versteinerten Seeigel würde man jetzt gern entdecken. Mit etwas Glück könnte man sogar einen Klapperstein finden, einen Kieselschwamm, der in einem hohlen Feuerstein eingeschlossen ist. Auch Bernstein versteckt sich gern hier im Tang. Vielleicht ging ja ein Insekt dem fossilen Harz auf den Leim?

Ein Blick auf die Uhr, es wird Zeit. Um 8.45 Uhr beginnt die Fossilienexkursion im Tagebau Promoisel - er ist der einzige auf Rügen, der noch tatsächlich Kreide abbaut. Die Rügener Heilkreide findet vielfach Verwendung in der Kosmetik und Medizin. Bei Rheuma, Akne und Zerrungen kann Heilkreide helfen. Sie hemmt Entzündungen, heilt Wunden und regt den Stoffwechsel sowie das Herz-Kreislauf-System an. Doch jetzt stehen die Förderbänder still. Fast unwirklich, so ein Tagebau in Weiß. Wie eine Kohlegrube in Negativ.

Die 30 Teilnehmer der Exkursion (vorher unbedingt Platz buchen!) laufen auf die für sie freigelegte Stelle am Kreidebruch zu. Hier dürfen sie nun unter fachmännischer Führung nach Fossilien suchen. Mit spitzen Hämmern geht es der Kreide zu Leibe ...

FAZIT: SOUVENIRS AUS EINER ANDEREN ZEIT – UND MIT ETWAS GLÜCK UND GEDULD KANN JEDER SIE FINDEN.

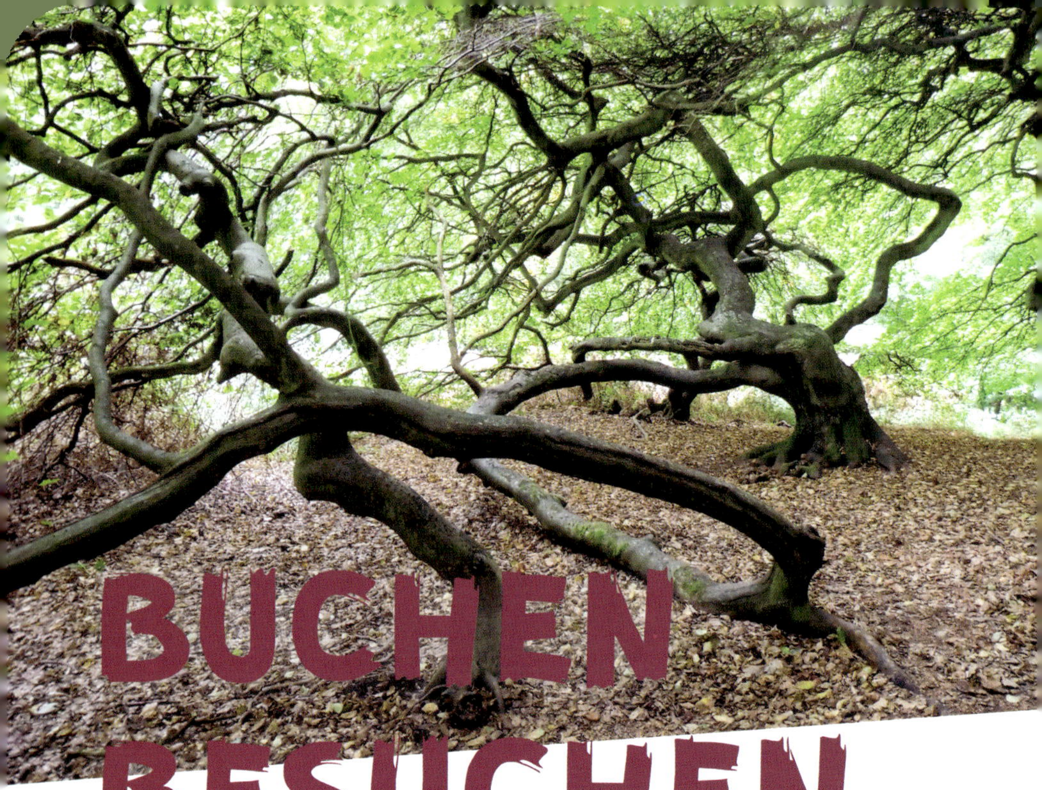

BUCHEN BESUCHEN

... auf Rügen

#35

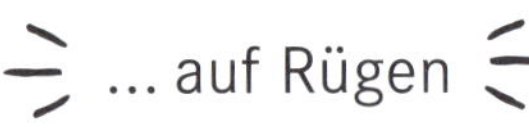

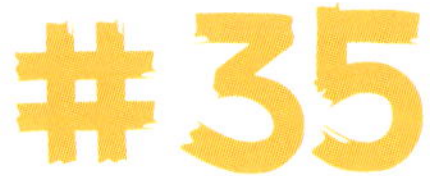

Auf Rügen muss man Buchen nicht lange suchen. Sie stehen hier überall in der Landschaft herum. Eine Tour zu besonders spannenden Exemplaren – von Prora über Lietzow bis hoch auf den Jasmund.

#Buchenbesuchen #imTanzeingefroren #Kathedraleneffekt

Der Buche zu Kopf steigen – im Baumwipfelpfad bei Prora ist das möglich.

Spiralförmig wickelt sich der Weg um die mächtige Rotbuche. Schritt für Schritt erklimmt man Stamm, Krone und Wipfel des 30 Meter hohen Baumes, bis er schließlich weit unter einem liegt und – aus der neuen Perspektive betrachtet – zum Busch geschrumpft ist. Dafür öffnet sich der Turm zum »Adlerhorst« und der Blick weit in die Landschaft. Auf die Ostsee. Auf Prora. Auf den Naturpark, der hier auf ehemaligem Militärgebiet entstanden ist.

Der Baumwipfelpfad bei Prora ist seit seiner Eröffnung im Jahr 2013 ein fester Punkt auf der To-Do-Liste der Rügenbesucher, und der 40 Meter hohe Adlerhorst ist fraglos der Höhepunkt der Anlage. Doch schon der Weg dorthin ist ein großes Vergnügen: Etliche Meter über

In Prora wandelt man ganz entspannt ein paar Meter über dem Waldboden.

dem Waldboden wandelt man direkt durch die Bäume – und das auch noch auf barrierefreien und kinderwagenfreundlichen Wegen. So nah kommt man Rügens Riesen sonst nirgends.

Von den Riesen zu den Hexen: Nach Lietzow geht es und vom Bahnhof Richtung Bodden zum Waldpark Semper. An der malerischen Ruine eines Wasserturms führt ein schmaler Waldweg rechts zum Hexenwald. Hier schraubt sich kein künstlich angelegter Weg in die Höhe. Die Buchen selbst sind es, die sich gen Himmel schrauben: in irren Verrenkungen und bizarren Posen. Wie im Tanz eingefrorene Fabelwesen sehen sie aus.

Süntelbuche heißt diese seltene Varietät der Rotbuche. Oder auch Krause Buche, Schlangenbuche, Hexenholz. Zehn dieser faszinierenden Exemplare stehen hier im Park Semper in einer kleinen Baumgruppe, an der man fast vorbeigelaufen wäre. Denn ein dichtes Blätterdach hüllt sie fast komplett ein. Über einen schmalen Eingang geht es hinein – und fast fühlt man sich wie einer dieser Helden im Märchen, die plötzlich eine andere Welt betreten. Was für ein magischer Ort!

Mit dem Zug geht es später weiter nach Sassnitz und dort auf den Hochwanderweg in den Nationalpark Jasmund. Der kleinste Nationalpark Deutschlands hat den größten zusammenhängenden Buchenwald an der Ostseeküste. Und groß sind vor allem die Bäume selbst. Ehrfürchtig wandert der Blick die gewaltigen Stämme hoch, winzig fühlt man sich – wie in einer riesigen Kathedrale.

Seit 2011 gehört ein Teil des Buchenwalds des Parks zum UNESCO-Welterbe. Darüber informiert das Welterbeforum in der ehemaligen Waldhalle an den Wissower Klinken (welterbeforum.koenigsstuhl.com) – ein hübsches

---

Hin & weg: Mit dem Zug bis Prora; ab der Bushaltestelle Prora-Nord mit dem Bus bis Prora Baumwipfelpfad (alternativ: 20 Min. zu Fuß); später mit dem Zug nach Lietzow und Sassnitz; zurück vom Nationalpark-Zentrum Königstuhl mit dem Bus nach Sassnitz-Bahnhof.

Beste Zeit: Wenn die Bäume Blätter tragen, also Frühjahr–Herbst.

Dauer & Strecke: Insgesamt 5–7 Std.; in Prora 1,2 km (Infos: www.nezr.de), in Lietzow ca. 3 km, im Nationalpark Jasmund ca. 10 km.

Ausrüstung: Festes Schuhwerk, Fernglas, Proviant.

UNESCO-Welterbe auf der Steilküste: der Buchenwald auf dem Jasmund

Fachwerkhaus, das nach den ersten zwei Kilometern Wanderung am Wegesrand zur Einkehr lädt.

Dann führt der Weg weiter, immer an der Küste entlang. Traumhafte Ausblicke auf das Meer schenkt er den Wanderern, bis sie dort sind, wo eigentlich alle hinwollen: am Königstuhl und an der Victoriasicht. Weiß strahlt die Kreide, blau liegt das Meer da – doch erst die Buchen setzen diesem majestätischen Anblick die Krone auf.

FAZIT: IN DEUTSCHEN WÄLDERN IST DIE BUCHE DER HÄUFIGSTE LAUBBAUM. DOCH AUF RÜGEN SIEHT MAN SIE PLÖTZLICH MIT GANZ ANDEREN AUGEN.

KLECKERN UND KLOTZEN

#36

Sandburgen sind Kinderkram? Wer das glaubt, muss nur einmal die Sandskulpturen anschauen, die Künstler aus aller Welt an der Küste erschaffen. In Binz zum Beispiel. Hier findet man übrigens auch den idealen Strand für eigene Kunstwerke.

#wiederKindsein #nahamWassergebaut #ichbaudireinSchlossausSand

Geklotzt, nicht gekleckert – der Hotelbau der Nazis am Strand von Prora wird seit einigen Jahren saniert.

Es ist schwer, sich nicht einschüchtern zu lassen. Auf der einen Seite der monströse Bau der Nazis – über 4,5 Kilometer zieht sich der Koloss die Küste entlang –, auf der anderen Seite das Sandskulpturenfestival. Künstler aus aller Welt schnitzen hier jedes Jahr fantastische Landschaften in den Sand. Und irgendwo dazwischen, am Strand zwischen Prora und Binz, sitzt man jetzt selber im Sand, mit Eimerchen und Schaufel. Und kommt sich ziemlich klein vor.

Aber das gehört dazu. Beim letzten Burgenbau gerade mal ein Dreikäsehoch, reizt nun, erwachsen und auf den verschiedensten Baustellen des Lebens erprobt, die Idee, etwas mit den eigenen Händen zu schaffen. Und das nur so aus Spaß. Mit dabei: zweierlei Schaufeln (eine große flache und eine kleinere gerundete), Förmchen und Eimer, Löffel, Messer und Spatel sowie eine Sprühflasche mit Wasser, falls die Sonne das Kunstwerk zu schnell trockenlegen will.

Es wird nah am Wasser gebaut. Nicht zu nah, damit die Wellen sich die Burg nicht holen. Aber nah genug, damit feuchter Sand das Fundament bildet und anständiges Baumaterial liefert. Dann Gräben und Kanäle buddeln und aus dem ausgehobenen Sand die Burg modellieren, dabei den Sand immer wieder andrücken und verdichten. Manches hält dennoch nicht wie gewünscht, stürzt ein, wird wiederaufgebaut. Es ist mühsam.

Wie machen das nur die Profis? Wieso halten die meterhohen Sandbauten auf der Festwiese in Binz (sandfest-ruegen.de) überhaupt – und das auch noch den ganzen Sommer? Es liegt am »compacten«: Der Sand wird in Blöcken derart stark zusammengepresst, dass man ihn danach leicht schnitzen kann. Und am Sand. Profis nehmen nicht den vom Strand, denn der ist zu fein und rund, sondern lassen sich scharfkantigen »jungen« Sand aus dem Landesinneren herankarren.

Hin & weg: Mit dem Zug bis Binz; von dort zu Fuß weiter.

Beste Zeit: Sommer; das Sandskulpturenfestival dauert von März bis November.

Dauer & Strecke: Je nach Verweildauer und Burgenbau 4–6 Std., ca. 10 km.

Ausrüstung: Sonnenschutz, »Werkzeug« für den Burgenbau.

Doch um nichts in der Welt möchte man vom Strand in den Tagebau wechseln. Langsam hat man auch raus, was geht und was nicht.

Der Bau nimmt Gestalt an, wächst mit Türmchen und Mauern, Terrassen und Treppen – und steht. Verziert wird mit allem Möglichen, was am Strand liegt und später keinen Müll macht: Muscheln, Steinchen, Seegras und Treibholz. Ein kleiner Ast wird zum Fahnenmast, Seeglas zum Fenster, Kleckersand zur Turmspitze. Et voilà!

FAZIT: WER AM STRAND EINE BURG BAUT, VERGISST RAUM UND ZEIT UND WIRD SELBST WIEDER EIN BISSCHEN ZUM KIND. WAS FÜR EIN SPAß!

FLÜSTER-LEISE AUF DEM FLUSS

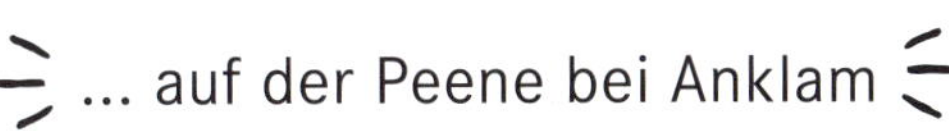

#37

Wer Tiere vom Fluss aus beobachten will, steigt am besten in ein Solarboot. Denn das ist so leise, dass sich Reiher, Biber & Co. nicht gestört fühlen. Eine Tour auf der Peene, einem der letzten unverbauten Flüsse Deutschlands.

#AmazonasdesNordens #ReiheraufneunUhr #TraumvomFliegen

»Wer einen Rasenmäher bedienen kann, kriegt auch das hin«, sagt der Mann vom Bootsverleih fröhlich und startet den Motor des Solarkatamarans. Dann erklärt er alle Hebel und Knöpfe. Es scheint tatsächlich nicht schwer. Nach ein paar aufgeregten ersten Metern auf dem Wasser hat man es raus und hebt den Blick in die Landschaft.

»Amazonas des Nordens« wird die Peene auch genannt. Weil der Fluss über 90 Kilometer nahezu unberührt durch eine unbebaute Landschaft fließt. Und weil Seeadler, Biber und andere wilde Tiere in diesem ursprünglichen Gebiet in solch einer Dichte heimisch sind wie nirgendwo sonst in Westeuropa. Die Tierwelt lässt sich natürlich auch gut vom Kanu oder Kajak aus beobachten. Am besten aber vom Solarkatamaran. Denn während ein Paddelschlag die Tiere schon mal aufhorchen lässt, gleitet dieses Boot nahezu geräuschlos durch das Wasser, ist leiser noch als das Flüstern seiner Passagiere. Die Kastenform des Katamarans ist für die Tiere zudem schwer einzuordnen und macht sie nicht nervös.

Silberreiher, die sich mit etwas Glück vereinzelt im Schilf ausmachen lassen, scheint das Boot jedenfalls tatsächlich nicht zu stören. Erstaunlich lange bleibt der scheue Vogel im Wasser,

---

Hin & weg: Nach Anklam mit dem Zug; zu Fuß vom Bahnhof bis zum Fluss-Café von »Abenteuer-Flusslandschaft«.

Beste Zeit: Frühjahr–Herbst.

Dauer: 4 Std. auf dem Boot; 8 Personen haben Platz (www.abenteuer-flusslandschaft.de).

Ausrüstung: Für das Solarboot ist kein Führerschein nötig; Proviant, Fernglas.

Entdeckungen am Ufer: die überwucherten Reste eines Bootsstegs, die Marienkirche mit dem gestutzten Turm.

während sich das Boot Meter für Meter in seine Richtung bewegt. Aber dann – soviel ist sicher – schwingt er sich doch hoch in die Lüfte. Fasziniert folgt ihm der Blick. Flügel müsste man haben. Der Traum vom Fliegen – hier in der Region wurde er nicht nur geträumt. Otto Lilienthal, in Anklam geboren, schaute als Kind den großen Vögeln nach und fand in ihnen seine »Lehrmeister im Fluge«. 1891 gelang ihm mit selbst gebauten Flügeln in Brandenburg der erste sichere Gleitflug in der Geschichte der Menschheit. Im Otto-Lilienthal-Museum in Anklam (www.lilienthal-museum.de) stehen seine faszinierenden Flugapparate.

Doch zurück auf den Fluss, wo das Boot weiter die Peene entlangfährt und die eine oder andere Biberburg passiert (wer in der Dämmerung mit einer geführten Tour unterwegs ist, hat gute Chancen, auch die Bauherren zu erblicken). Am Ufer lösen Erlen das Schilf ab, die Landschaft wird uriger und dichter. Irgendwann erscheint linker Hand das Dörfchen Stolpe an der Peene. Kurz anlegen und die Klosterruine anschauen. Vielleicht reicht die Zeit noch für einen Snack, dann zurück Richtung Anklam.

Ihre Silhouette kündigt die Stadt an. Da der Turm der Marienkirche. Dort die im Krieg geköpfte Nikolaikirche. Der einst 103 Meter hohe Turm soll wieder aufgebaut werden: als »Ikareum« des Otto-Lilienthal-Museums – nach Ikarus, dessen Flugversuch im Mythos scheiterte. Wieder träumt man sich in Anklam in die Höhe.

FAZIT: ES GIBT WOHL KAUM EINE BESSERE ART, DEN ALLTAG HINTER SICH ZU LASSEN UND ZU ENTSCHLEUNIGEN, ALS DIESE BOOTSTOUR MIT DER SONNE IM TANK …

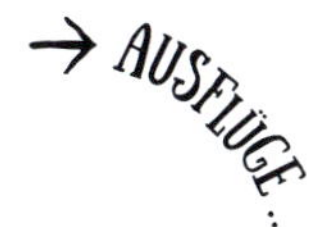

FERN DES FERIEN-TRUBELS

… durch den Lieper Winkel

Man kann den Lieper Winkel wunderbar links liegen lassen: Auf dem Weg von Anklam in die Kaiserbäder geht das quasi automatisch. Doch dann verpasst man was. Nämlich den vielleicht letzten richtig ruhigen Winkel der Insel.

#Fluchtort #ReetdachLove #schöneinsam

Finde den Fehler im Bild! Ein Strand auf Usedom an einem heißen Hochsommertag: Ein paar Möwen sitzen auf Holzpfählen im Wasser, die Sonne lacht, der Himmel macht blau, ein Bötchen schaukelt auf dem Wasser – kein Mensch weit und breit. Man möchte sich ungläubig die Augen reiben. Wo sind denn die ganzen Leute?

Aber an diesem Bild ist nichts falsch, niemand hat Badende rausretuschiert. Denn das hier ist der Lieper Winkel, jene kleine Halbinsel zwischen Peenestrom und Achterwasser, die Touristen auf ihrem Weg vom Festland in die Kaiserbäder für gewöhnlich links liegen lassen. Der Lieper Winkel ist daher ein kleines Refugium, ein Fluchtort für Ruhesuchende im Hinterland Usedoms, die hier auf einsamen Wegen tief durchatmen.

Am besten erkundet man die Halbinsel zu Fuß. Und nimmt sich dafür reichlich von dem, was hier ohnehin üppig vorzukommen scheint: Zeit nämlich. Manche sagen auch, sie sei hier stehen geblieben. Zumindest sind die Einwohner gut im Bewahren von Traditionen, wie der Tracht zum Beispiel. Auch das typische Reetdach sieht man hier oft. Sogar die Bushaltestellen tragen eins und sehen damit niedlich aus.

Hin & weg: Nach Liepe mit dem Bus (etwa ab Usedom oder Heringsdorf); zurück ab Rankwitz mit dem Bus.

Beste Zeit: Frühjahr–Herbst.

Dauer & Strecke: 5–6 Std., ca. 15 km.

Ausrüstung: Mückenschutz, Proviant.

Reetdach hinter Hagebutten, Fischerreusen als Wegweiser zum Strand, Möwen im Entspannungsmodus – willkommen in Warthe!

An einer dieser Haltestellen geht es los: in Liepe, Namensgeber der Region. Hier kann man sich die älteste Dorfkirche der Insel anschauen, 1216 wurde sie erbaut. Dann geht es weiter in das hübsche Grüssow, von dort auf den Damm und immer am Ufer des Achterwassers entlang, rund um die Spitze des Lieper Winkels.

In Warthe hinter den großen Fischerreusen rechts runter ans Wasser und an dem hübschen, kleinen Strand pausieren. Es ist ein besonderer Ort. Das Märchen »Vom Fischer un syner Fru«, das der in Wolgast lebende Maler und Dichter Phillip Otto Runge (1777–1810) für die Grimm-Brüder einst aufgeschrieben hat, soll hier entstanden sein. Man glaubt es sofort. Dieser verträumte Strand ist gemacht für Märchen.

Fortgesetzt wird der Weg über Quilitz nach Rankwitz – Hauptort mit Heimatstube –, dann zum Hafen, Ziel dieser Wanderung. Der Räucherfisch vom Rankwitzer Hafen ist berühmt, also etwas davon einpacken. Zuvor aber noch ein Weilchen die Hafenidylle genießen und den Blick ein letztes Mal schweifen lassen über das Wasser, in das jetzt am Abend malerisch die Sonne versinkt.

FAZIT: WÄHREND ES IN DEN BADEORTEN DER INSEL IM SOMMER SEHR ENG WERDEN KANN, FINDET MAN IM LIEPER WINKEL RAUM FÜR SICH.

EINEN LIEBLINGS-ORT FINDEN

... auf Usedom

#39

Ziemlich in der Mitte von Usedom, dort, wo die Insel so schmal ist, dass man vom Strand zum Achterwasser nur wenige Schritte braucht, liegt Lüttenort – ein ganz besonderer Ort: ein Lieblingsort.

Als wäre der Maler nur kurz im Garten – Atelier von Niemeyer-Holstein in Lüttenort.

Mit Orten ist es manchmal wie mit Menschen: Liebe auf den ersten Blick. So erlebte es der Maler Otto Niemeyer-Holstein mit jenem kleinen Flecken Erde, den er auf einem Segeltörn im Jahr 1932 auf Usedom entdeckte. Er sprang an Land, band sein Segelboot namens Lütten an die einzige krumme Weide, die dort stand, und rief: »Hier will ich leben, hier will ich sterben, nirgendwo sonst.« Den Ort, der sein Herz erreichte, nannte er nach seinem Boot, also Lüttenort.

Ein halbes Jahrhundert später starb Otto Niemeyer-Holstein tatsächlich hier in Lüttenort, nicht ohne vorher zu verfügen, dass sein Anwesen der Nachwelt genau so erhalten bleibe, wie er es über die Jahrzehnte geschaffen hatte. Und so wandeln die Besucher hier heute auf den Spuren jenes Malers, der seine Bilder mit »ONH« signierte und von dem Max Liebermann sagte, er »klaut sich die Farben aus dem Meer«. Dabei finden sie nicht selten selbst: ihren ganz persönlichen Lieblingsort auf der Insel.

Delfter Fliesen in der »Döns«, Blick in den Garten von Lüttenort.

Ein alter S-Bahn-Waggon aus Berlin bildet das Zentrum von Lüttenort. Für 65 Reichsmark hatte ihn der Maler 1932 erstanden und in einer unglaublichen Hauruck-Aktion auf die Insel gebracht, wobei dies alles andere als schnell ging. Da der alte Wagen keine Räder mehr hatte, musste er erst einmal huckepack auf einen Zug, dann wurde er über Bolzen an seinen Bestimmungsort gezogen. Nur zentimeterweise ging es voran – es dauerte eine halbe Ewigkeit.

In dem Waggon machten es sich Niemeyer-Holstein und seine Frau gemütlich. Als es zu eng wurde, bauten sie an. Irgendwann kam das Atelier dazu, an dessen Tür der Meister »Tabu« schrieb. Tabu ist es heute für die Besucher aber genauso wenig wie das Innere des S-Bahn-Waggons und die »Döns«, die gute Stube der Eltern des Malers, die er nach deren Tod aus Kiel nach Usedom transportieren und einbauen ließ: mit alten Delfter Fliesen und einem schönen Alkoven. Auf Führungen kann man das Innere von Lüttenort erkunden.

Aber schon der Garten ist ein Erlebnis: mit all den Skulpturen und zahlreichen Kunstwerken – und den Beeten und Bäumen, die der Maler ganz nach seinen Vorstellungen anlegte und anpflanzte. »Ich sage, die See ist meine große Geliebte«, diktierte der Maler einst seinem Biografen, »aber mein Garten ist ihr Bruder, den ich nicht minder liebe. Ich brauchte fünfzig Jahre das Grundstück nicht verlassen, um zu malen.« Direkt hinter dem Haus am Wasser liegt ein alter Kahn; darauf die Buchstaben »WZRG«. Sie stehen für: »wunschlos, zeitlos, restlos glücklich«.

Dieses Glück scheint in Lüttenort immer noch zu wohnen, auch wenn die einst hier so Glücklichen nicht mehr leben (seine Frau folgte Niemeyer-Holstein im selben Jahr in den Tod).

Hin & weg: Mit dem Zug bis Zempin; von dort mit dem Rad weiter; zurück ab Pudagla (wer die Radtour abkürzen möchte, steigt schon in Koserow in den Zug).

Beste Zeit: Frühjahr–Herbst; Öffnungszeiten: www.atelier-otto-niemeyer-holstein.de; Führungen durch Waggon und Tabu finden im Sommer viermal täglich statt, im Winter dreimal pro Tag.

Dauer & Strecke: 4–5 Std., ca. 25 km.

Ausrüstung: Ticket.

Malen statt Mahlen: Die Holländermühle in Benz steht heute ganz im Zeichen der Kunst.

Man kann sich kaum losreißen von diesem Refugium, das sich der Maler für seine Familie und Freunde geschaffen hat.

Doch es geht weiter. Erst über die Straße, die Schienen und den Damm zum Meer. Dann mit dem Rad zur hübschen Holländermühle in Benz (www.muehle-benz.de). Im Jahr 1974 kaufte Niemeyer-Holstein die alte Mühle, die schon Lyonel Feininger gern malte, und öffnete sie der Kunst. Auch dies gestern und heute – ein echter Lieblingsort.

FAZIT: OB MAN SICH NUN VERLIEBT ODER NICHT – LÜTTENORT IST EIN CHARMANTER ORT. UND BENZ IST AUF JEDEN FALL EINEN ABSTECHER WERT.

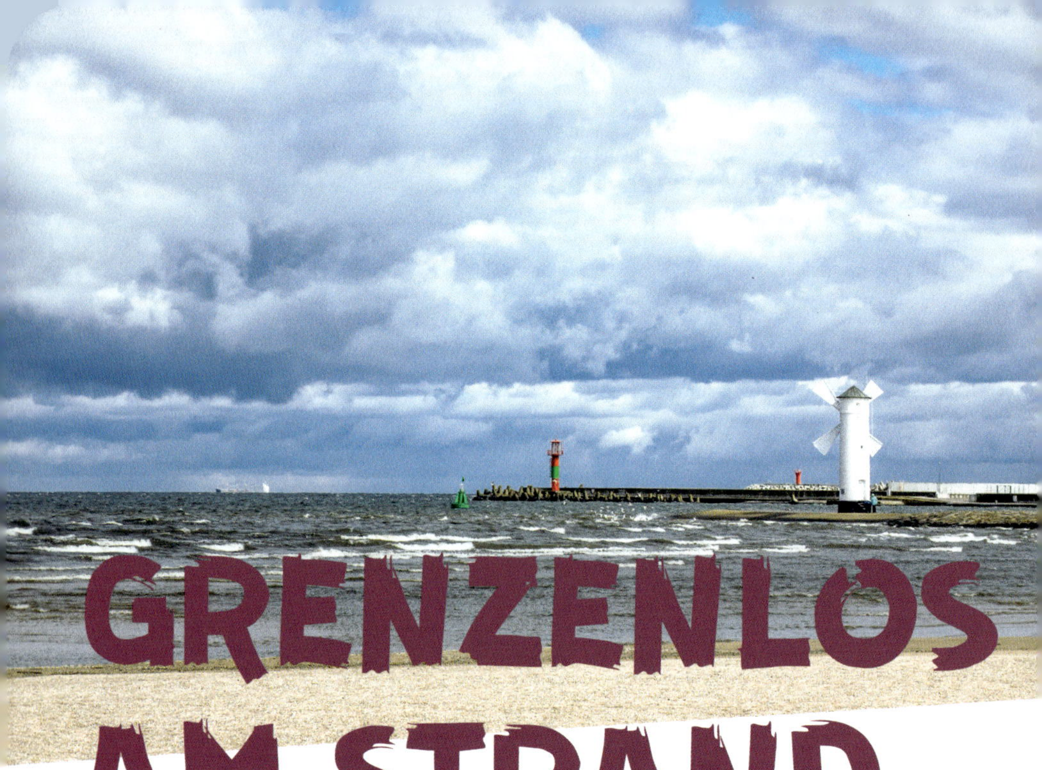

GRENZENLOS AM STRAND

... von Ahlbeck nach Swinemünde

#40

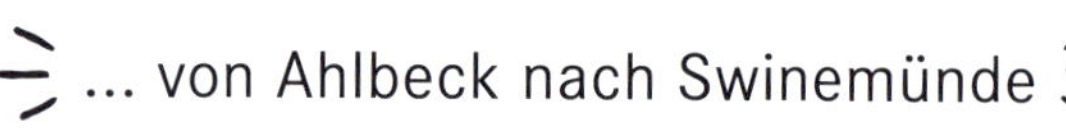

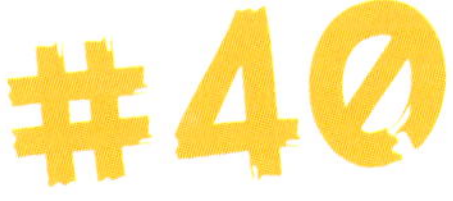

Die größte Stadt Usedoms liegt auf der polnischen Seite und bietet einen spannenden Kontrast zu den Ostseebädern im Westen. Eine Tour zu alten Bunkern, neuen Bauten – und einer Windmühle am Strand.

#PoseninPolen #barfußüberdieGrenze #WaffelmitErdbeeren #hmmmlecker

Fotostopp statt Passkontrolle: am Grenzpunkt zwischen Deutschland und Polen.

So lässig geht Grenze: Barfuß und in Badesachen wechselt der Strandläufer einfach die Seiten – und merkt es noch nicht einmal. Kein Schild weist auf Polen hin und die reduzierte Grenzanlage scheint sich eher in den Dünen zu verstecken als auf dicke Hose zu machen. Über Bohlen läuft man dort zu einem fotogenen Grenzpunkt … und dabei unfreiwillig in das eine oder andere Bild. Irgendwer posiert dort immer; das eine Bein in Polen, das andere in Deutschland.

Von hier geht es durch den Wald weiter nach Świnoujście, zur größten Stadt auf der Insel. Bis zum Zweiten Weltkrieg war Swinemünde, so der deutsche Name, das drittgrößte

deutsche Ostseebad. Kaiser Wilhelm II. kam immer am ersten Augustwochenende her. Theodor Fontane verbrachte hier einen Teil seiner Teenie-Zeit. Und der Expressionist Lyonel Feininger malte vom Hafen so geniale Bilder, dass jemand kürzlich fünf Millionen Euro dafür hinblätterte.

Heute ist der Ort polnisch, und er bietet zum Bäderbetrieb auf der deutschen Seite den

Die alten Festungsanlagen und Bunker sind heute Museum, Restaurant, Kulisse.

wohl konsequentesten Kontrast. Andere Sprache, andere Währung, anderes Essen. Keine Strandkörbe, keine Seebrücke, kein FKK. Stattdessen eine richtige Stadt mit Hafen und Werft und einer niedlichen Windmühle anstelle eines Leuchtturms auf der Mole.

Auch gebaut wird hier anders. Größer vor allem. Das Bauland spendiert das Meer, das sich hier jedes Jahr mehrere Zentimeter zurückzieht. Wer das nicht glaubt, muss sich nur mal vor die Konzertmuschel auf der Promenade stellen: Früher lag direkt dahinter der Strand. Heute muss man eine Weile laufen, um nasse Füße zu bekommen. Vorher als Wegzehrung auf der Promenade am besten noch Waffeln mit Erdbeeren und Sahne kaufen – das Lieblingsdessert der Polen, vermutlich nicht nur wegen der Nationalfarben.

Dann geht's am Strand entlang zur Mole, einmal vor bis zur Windmühle und anschließend zu den alten Festungsanlagen der Preußen. Erbaut, um den Seeweg aus Oder und Swine zu schützen, wurden sie nach dem Krieg zum Teil von der Sowjetarmee genutzt. Heute erkunden Touristen das Gelände, die wehrhaften Mauern beherbergen Museen, ein Bunker wurde zum Restaurant.

Schließlich führt der Rundgang ans Wasser und dann über das kleine Stadtzentrum zum Bahnhof. Von hier fährt die Bäderbahn zurück nach Ahlbeck – und das so selbstverständlich, als lägen weder Landes- noch EU-Grenzen dazwischen. Auch das wieder: sehr lässig.

FAZIT: EIN TRIP NACH ŚWINOUJŚCIE/SWINEMÜNDE GEHÖRT ZUM USEDOM-URLAUB WIE DIE SAHNE AUF DIE ERDBEEREN!

Hin & weg: Bis Ahlbeck mit der Bäderbahn; von dort zu Fuß weiter. Zurück ab Swinemünde mit der Bäderbahn.

Beste Zeit: Ganzjährig ein Erlebnis.

Dauer & Strecke: 4–5 Std., ca. 12 km.

Ausrüstung: Bequeme Schuhe.

3. KAPITEL MINIURLAUB

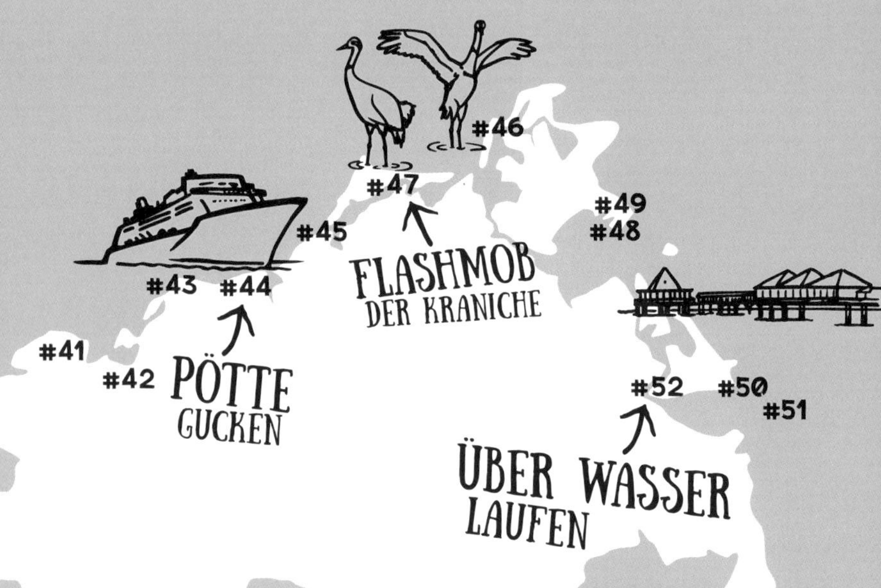

Ferien für ein Wochenende

Tausenden Kranichen hinterherschauen, den schönsten Sonnenuntergang genießen, durch meditative Landschaften pilgern – und dabei vollends entspannen.

36H

VON SCHLOSS ZU SCHLOSS

… im Klützer Winkel

#41

In keiner anderen Region an der Ostsee gibt es so viele Gutshäuser und Schlösser wie im Klützer Winkel. Eine Tour zu den schönsten Häusern. Geschlafen wird natürlich – im Herrenhaus.

#träumeninRäumen #ichschmeißhin&werdprinzessin #adligunterwegs

Eine über 270 Meter lange Festonallee aus Holländischen Linden führt zum Schloss Bothmer. Links: das Gutshaus Stellshagen.

Aus der Londoner Downingstreet Nummer 10 träumte er sich in den Klützer Winkel: Hans Caspar von Bothmer – Berater des britischen Königs und Börsenspekulant – ließ für sich und seine Familie in Mecklenburg ein Schloss bauen, ganz nach seinen Wünschen. Doch noch bevor es im Jahr 1732 fertig war, starb er und konnte leider nie sehen, was aus seinen Plänen wurde: nämlich eines der schönsten Barockschlösser des Nordens.

Der Neffe des Reichsgrafen zog letztlich hier ein, zwei Jahrhunderte lang gehörte das Anwesen den Bothmers. Nach dem Krieg und der Enteignung verlebten Senioren hier ihren Lebensabend. Dann schien auch für Schloss Bothmer die Zeit gekommen – nach der Wende drohte der Verfall. Das Land aber rettete und sanierte den Bau samt Park schließlich für 36,5 Millionen Euro. Seit 2015 strahlt es in neuem alten Glanz.

Keine zwei Kilometer entfernt liegt das Gut Stellshagen, Herberge für diese Tour und ebenfalls einst aus Ruinen wiederauferstanden. Die Enkelin des früheren Besitzers, Gertrud Cordes, hat das Anwesen Anfang der Neunziger gekauft und zu einem sympathischen Biowell-

Auf dem E-Bike über Alleen und kleine Hügel geht es zu Schlössern wie dem in Kalkhorst.

nesshotel ausgebaut. Das Gemüse kommt vom eigenen Acker. Auf dem Büfett in den Sälen des Herrenhauses ist alles vegetarisch. Natürlich kann man Fahrräder mieten. Aber auch E-Bikes und Elektro-Autos.

Auf in den Sattel – das E-Bike ist schon angestellt! Schnell wird das leise Schnurren des E-Motors zum freundlichen Begleiter unterwegs; die hügelige Landschaft lässt sich damit ganz entspannt genießen. Ein bisschen wie in der Toskana fühlt man sich. Nur die Zypressen fehlen.

Hinter dem Leonorenwald liegt das Schloss Kalkhorst. Hier kurierte die Schriftstellerin Christa Wolf einst eine Tuberkulose aus, sechzig Jahre später taucht es in ihrer letzten großen Erzählung »August« auf. Heute ist das Haus in Privatbesitz, »Willkommen« hängt am Zaun. Einmal kurz durch die Stäbe lugen, Literaturgeschichte atmen – und weiter ... zum Schloss Groß Schwansee. Es liegt malerisch am Meer und beherbergt ein exklusives Hotel.

Von hier aus führt ein Radweg parallel zur See nach Boltenhagen und wird bald zur Berg- und

---

Hin & weg: Mit dem Zug bis Grevesmühlen; von dort mit dem Shuttlevan zum Gutshaus Stellshagen; dann weiter per E-Bike.

Beste Zeit: Frühjahr–Herbst.

Dauer & Strecke: Tag 1: 4–5 Std., ca. 35 km; Tag 2: 3–4 Std., ca. 30 km.

Ausrüstung: E-Bike, Badesachen.

Wenn es Nacht wird: Gutshaus Stellshagen (www.gutshaus-stellshagen.de).

Blick in die Lübecker Bucht und auf den Naturbadeteich vom Gutshaus Stellshagen.

Talfahrt: Als wolle das Land der träge daliegenden Ostsee mal zeigen, was eine richtige Welle ist – Surfen per E-Bike. Hinter der Steilküste von Boltenhagen geht es rechts zum Gutshaus Redewisch – auch dieses wurde von den Nachkommen der früheren Besitzer zum Hotel umgebaut. Man könnte auf der Terrasse einen Kaffee trinken, bevor es zurückgeht nach Stellshagen, vorbei an den Getreidefeldern, die im Licht der untergehenden Sonne golden leuchten.

Am nächsten Tag lockt der Osten: zum Gutshaus Parin und zum Landgut Oberhof, in die Wohlenberger Wieck und nach Boltenhagen (#1). Wer sich aber von Sauna und Salon nicht losreißen kann, genießt den majestätischen Müßiggang – und träumt sich auf der Sonnenliege sein eigenes Schloss herbei.

FAZIT: SAVOIR-VIVRE IM KLÜTZER WINKEL! EINE TOUR FÜR ALLE SINNE.

RADELN MIT MEERBLICK – UND OHNE

 … von Wismar nach Warnemünde 

#42

Schon gewusst? Man kann mit dem Rad einmal die gesamte Ostsee umrunden! 8000 Kilometer misst die europäische Ostseeküstenroute, 1000 davon verlaufen in Deutschland – als Ostseeküstenradweg. Ein besonders spannendes Stück erstreckt sich zwischen Wismar und Warnemünde.

#TeileinesgroßenGanzen #Ostseeküstenradweg #Badestoppjetzt

Wo ist eigentlich das Wasser? Von wegen: radeln mit Meerblick! Nach den ersten Kilometern erscheint der Ostseeküstenradweg als reinste Mogelpackung. Keine Ostsee, keine Küste, und Radweg – naja, man kann es auch schlicht Straße nennen, auf der sich der Radler gerade abrackert.

Doch nach gut zehn Kilometern geht es links über den Damm auf die Insel Poel – und zwar auf einem separaten Radweg neben der Fahrbahn. Das ist auch gut so, denn die Landschaft verleitet ständig zum Anhalten. Manche sagen, der Weg nach Poel sei fast schöner als die Insel. Tatsächlich kann man sich kaum sattsehen an diesem Land zwischen Wasser und Meer, von Vögeln aller Art bevölkert. Zum ersten Mal wird das Fernglas gezückt. Über Kirchdorf, den Hauptort der Insel, geht es weiter nach Timmendorf mit seinem Leuchtturm und dann immer am äußeren Rand um die Insel herum. Traumstrände wie Bernsteine an einer Kette. Mindestens ein Badestopp sollte drin sein.

Hin & weg: Mit dem Zug nach Wismar; direkt vom Bahnhof gelangt man auf den Ostseeküstenradweg, der in der Regel gut ausgeschildert ist.

Beste Zeit: Frühjahr–Herbst.

Dauer & Strecke: Tag 1: 5–6 Std., 50 km; Tag 2: 3–4 Std., 35 km.

Ausrüstung: Fahrrad, Fernglas, Badesachen, evtl. Mückenschutz.

Wenn es Nacht wird: Vom ADFC als fahrradfreundlich empfohlen wird der Ferienhof Arndt in Rerik (www.ferienhofarndt.de).

Entdeckungen am Wegesrand: ein Gespensterwald in Nienhagen, ein Meerblickdenkmal in Kühlungsborn.

Von Poel geht es weiter Richtung Norden und am Salzhaff entlang, Lebensraum für zahlreiche Küstenvögel und somit ein Paradies für Vogelgucker. Das Fernglas wird nun häufiger aus der Tasche geholt. Irgendwann lässt man es einfach um den Hals baumeln. Dass es beim Radeln stört – geschenkt.

In Rerik, Etappenziel für den Tag, nimmt es ganz andere Objekte ins Visier: die Militärbauten, die hinter einem hohen Zaun malerisch verfallen. Wustrow, »die verbotene Halbinsel«, wurde über Jahrzehnte militärisch genutzt und ist heute nur bei Führungen zu betreten (Eskapade #4). Später eine Stärkung im Hafen, vielleicht noch einen Sundowner am Strand? Ins Bett geht es mit vielen Bildern im Kopf, und genauso vielen Kilometern in den Beinen. Zurück auf dem Ostseeküstenradweg am nächsten Morgen immer mal rechts über die Felder schauen, um den Urdolmen von Neu-Gaarz nicht zu verpassen, ein ganz besonders imposantes Großsteingrab aus der Jungsteinzeit. In Kühlungsborn lockt eine Rast, vielleicht auf dem Balticplatz. Hier wurde dem Meeresblick sogar ein Denkmal gesetzt: Eine Fischersfrau aus Bronze schaut aufs Meer, die Hand schirmt die Sonne ab, ihr Kind steht daneben, einen Teddy im Arm.

FAZIT: DIE SCHÖNSTE VERBINDUNG ZWISCHEN WISMAR UND WARNEMÜNDE.

Hinter dem trubeligen Seebad wird der Radweg zum Traum. Parallel zum Meer, an einer Steilküste, geht es nach Heiligendamm, in die »weiße Stadt am Meer«, dann nach Nienhagen, wo man den Gespensterwald nicht verpassen sollte (Eskapade #6). Von hier ist es nicht mehr weit bis Warnemünde, mit dem breitesten Strand Mecklenburg-Vorpommerns, und: Meerblick total!

KINO

ALLES IN BEWEGUNG

Wer sich bewegen will, ist in Kühlungsborn genau richtig. Auf dem Wasser, an den Stränden und auf der Promenade kann man sich richtig auspowern. Doch daneben gibt es vieles mehr, das bewegt.

Wer den Ort sehen will, muss sich bewegen. Nämlich gut drei Kilometer von einem Ende zum anderen. Kaum ein Ostseebad zieht sich so in die Länge wie Kühlungsborn, diesem erst Anfang des letzten Jahrhunderts aus drei Dörfern vereinten Städtchen. Auf gleich vier reizvollen Wegen kann man Strecke machen – am Strand, auf der Promenade, der Ostseeallee oder durch den Stadtwald. Wer sie alle läuft, hat schon mal ein paar Kilometer beisammen. Und sieht dabei vieles doppelt. Die Kurmuschel zum Beispiel gibt es in Ost wie in West. Die auf das Meer zielende Einkaufsstraße ebenso. Sogar eine zweite Seebrücke soll es im Westen bald wieder geben. Von dem DDR-Grenzturm indes gibt es nur noch einen. Einst waren es 27 an der gesamten Küste der DDR, von oben wurde das Meer nach Flüchtigen abgesucht. Heute kann hier jeder hochklettern, der keine Beklemmungen fürchtet (www.ostsee-grenzturm.com).

Ebenfalls Single: der Sport-Aktiv-Strand. Der befindet sich im Osten zwischen Seebrücke und Marina, hat Netze für Beachvolleyballer

---

Hin & weg: Aus Richtung Bad Doberan am besten mit dem Molli.

Beste Zeit: Frühjahr–Herbst.

Dauer & Strecke: 2–3 Std., 6–12 km am 1. Tag; Wassersport am 2. Tag je nach Gusto und Kondition.

Ausrüstung: Bade- und Sportsachen, Laufschuhe

Wenn es Nacht wird: Bewegungshungrige übernachten am besten im coolen Feels mit angeschlossenem Wassersportcenter (www.beachclubhotel.de).

---

und Tore für Strandkicker. Regelmäßig werden Kurse gegeben wie Yoga oder Zumba (siehe auch www.kuehlungsborn.de). Wer sich hier nicht bewegt, ist selber schuld. Das Volleyballteam sucht noch Mitspieler? Worauf warten – einreihen, mitspielen, aus der Puste kommen.

Danach kann man sich in der Marina in einer der Bars zu coolen Loungerhythmen stilvoll entspannen. Später geht es ins Strandkorbkino, das sich nur wenige Meter weiter befindet. Die Leinwand hängt vor dem Meer, der Strandkorb wird zum Kinosessel – romantischer kann Kino kaum sein.

Am nächsten Tag wird der Urlauber selbst zum Held auf dem Wasser. Surfkurs? Angeln? Stand-up-Paddeln? Es gibt fast nichts, was es nicht gibt in Kühlungsborn. Wer noch nie auf einem Surfbrett gestanden hat, versucht es vielleicht tatsächlich mit Letzterem, auch als »SUP« abgekürzt, denn auf den breiten, fast kippsicheren Boards bekommt man ein erstes Gefühl für das Surfbrett – und trainiert dabei sämtliche Muskeln.

Später am Abend auf dem Balticplatz rückt man sich eine der weißen Bänke so zurecht, dass man der Sonne beim Untergehen zuschauen kann. Dabei fällt der Blick auf die Villa Baltic. Graffitis verschmieren das einst stolze Schlösschen im Neobarock, der Putz bröckelt. Doch Schönheit scheint hier unvergänglich.

Gebaut und bewohnt hat die Villa Anfang des letzten Jahrhunderts das jüdische Ehepaar Hausmann. Dann wurde sie zum Erholungsheim: erst für jüdische Akademiker, später für NS-Schauspieler des Dritten Reiches, schließlich für DDR-Bürger (als Heim des Freien Deutschen Gewerkschaftsbunds mit angebauter und inzwischen abgerissener Meerwasserschwimmhalle). Man könnte die halbe Geschichte von Kühlungsborn an diesem einzigen Haus erzählen. Es ist: eine bewegende.

FAZIT: KAUM EIN ORT AN DER KÜSTE BIETET SO VIEL BEWEGUNGSSPIELRAUM WIE KÜHLUNGSBORN!

GROẞE PÖTTE GUCKEN

… in Warnemünde

#44

Dem Fernweh frönen, ohne tatsächlich weg zu wollen: Auf dem breitesten Strand der Ostsee schaut man den großen Pötten nach und reitet die Wellen, die sie machen. Am nächsten Abend winkt man den großen Schiffen hinterher.

#Containerlove #DavidgegenGoliath #alohaFährwelle

Auch jenseits der Fährwellen ein beliebter Surfspot: der Strand von Warnemünde.

Der Ozean war ihre Welt, das Schiff ihr engster Vertrauter, das raue Hafenmilieu ihre Heimat. Mittlerweile haben sie sich zur Ruhe gesetzt. Nebeneinander und übereinander glucken sie da und gucken auf die Werft. Etwa 60 Schiffscontainer wurden für das DockInn in Warnemünde zu Zimmern umfunktioniert: Am ehesten als Container erkennbar sind die in der Lobby.

Nach dem Check-In geht es erstmal in die Stadt und auf den Leuchtturm hinauf. Unten liegt der breiteste Strand der Ostsee, eingerahmt vom legendären Neptun-Hotel zur Rechten (hier logierte schon Fidel Castro) und der Mole, die von einem grünen Leuchtturm flankiert wird. Auf der anderen Seite der Meerenge steht sein Kollege in rot – zwischen ihnen liegt breit das Tor zur großen, weiten Welt.

Das kleine Ausflugsschiff, mit dem es wenig später auf Hafenrundfahrt geht, nimmt Kurs auf die beiden Leuchttürme, biegt dann aber rechts ab Richtung Hafen. Die luxuriöse Hotelanlage Hohe Düne auf der einen Seite, ein Wohnwagenstellplatz auf der anderen Seite, ein gigantisches Kreuzfahrtschiff geradeaus – doch nicht genug der Kontraste: Weiter hinten wartet die Welt der Werft. Kräne, Container, unfertige Schiffskörper.

Zurück im Ort geht es über die Promenade an den Strand. 100 bis 150 Meter läuft man über feinsten Ostseestrand bis zum Wasser. Kein Wunder, dass man sich hier ein bisschen wie in der Karibik fühlt. Die Surfer auf dem Wasser und Palmen in Kübeln tun ihr Übriges. Vor allem aber: die Wellen! Denn etwa alle zwei Stunden sorgen die großen Pötte für passable Surfwellen. Bis zu 1,50 Meter sind die Fährwellen hoch. Aloha!

Am nächsten Tag mal nichts tun und sich am Strand langmachen. Wer sich doch lieber bewegt, kann in Rostock zu einer geführten Kanutour aufbrechen und dabei an den großen Pötten entlang paddeln: David gegen Goliath. Stadtpaddeln Rostock startet in der Saison täglich um 11 Uhr.

Und wohin am Abend? Auf die Mole natürlich. Denn von April bis Dezember landen in Warnemünde über 200 Kreuzfahrtschiffe an, fast jeden Abend fährt eines ab – mit feierlicher Musik aus den Lautsprechern und winkenden Passagieren auf der Reling. Also Fischbrötchen und Bier besorgen, Platz auf der Mauer suchen und: winken.

Show mit Regenbogen: Abends laufen die großen Kreuzer aus und locken die Leute auf die Mole.

FAZIT: KEINE FRAGE, IN WARNEMÜNDE IST HERRLICH SCHIFFESPOTTEN – MAN KANN DEN GROßEN PÖTTEN HIER ABER AUCH AUF GANZ BESONDERE WEISE NAHEKOMMEN.

Hin & weg: Mit dem Zug nach Warnemünde-Werft; das Hotel liegt direkt gegenüber dem Bahnhof.

Beste Zeit: Frühjahr–Spätsommer.

Dauer & Strecke: Am 1. Tag ca. 2 Std., ca. 5 km zu Fuß; Hafenrundfahrt je nach Tour bis zu 1 Std.; evtl. Surfen 1–2 Std. (www.supremesurf.de); Kanutour am 2. Tag: ca. 3,5 Std., etwa 13 km (Infos: stadtpaddeln-rostock.de).

Ausrüstung: Badesachen.

Wenn es Nacht wird: Auf ins DockInn natürlich (www.dock-inn.de)!

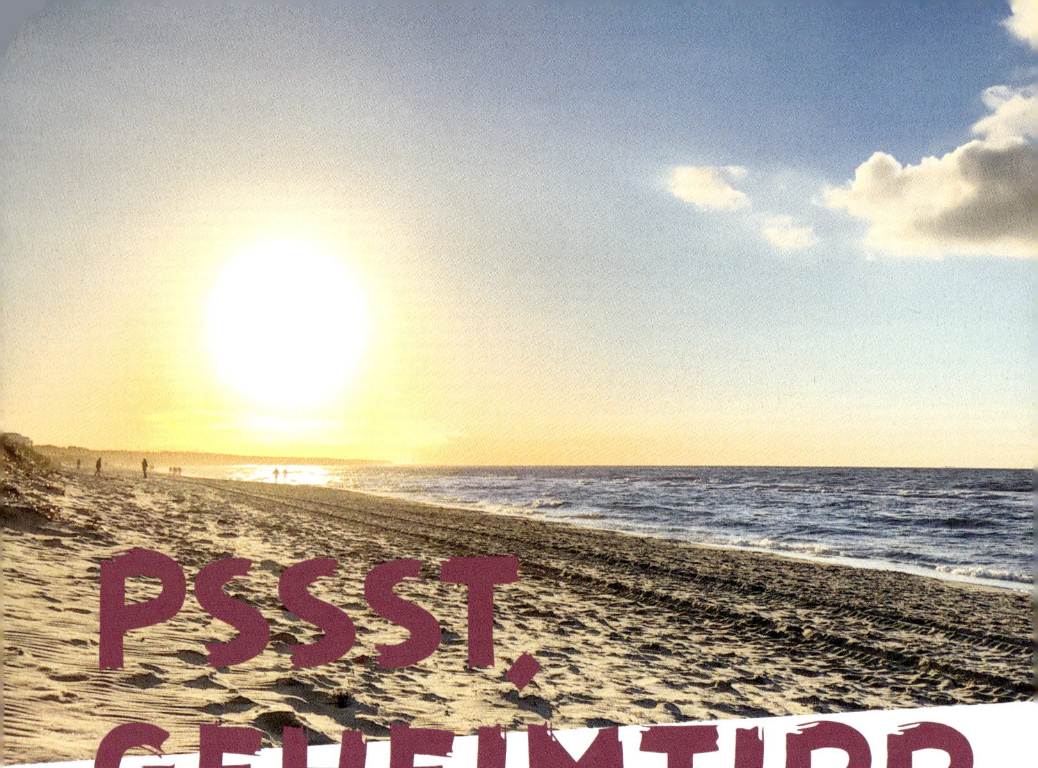

PSSST, GEHEIMTIPP

… in Dierhagen

#45

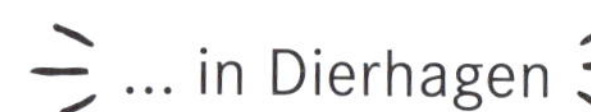

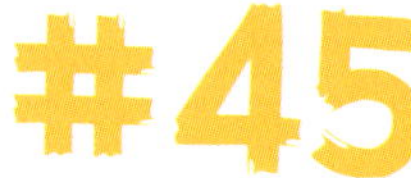

Über manche Orte gibt es offenbar nichts weiter zu sagen, als dass es dahinter richtig schön wird. »Tor« oder »Pforte« werden sie genannt, und wer hier längs kommt, will oft nur weiter. Dierhagen – »Tor zum Darß« – tut man damit ganz schön Unrecht.

Dem Meer lauschen – am Strand von Dierhagen geht das besonders gut.

Zugegeben, viel los ist hier nicht. Abgesehen vom jährlichen Tonnenabschlagen, bei dem ein geschmücktes Holzfass von darunter durchgaloppierenden Reitern kaputt geknüppelt wird. Aber dieser alte Brauch wird auch an anderen Orten fröhlich gefeiert. Und neben dem verträumten Hafen gibt es nicht viel zu entdecken. Ganz unaufgeregt wirkt der Ort – und genau das ist es, was Dierhagen ausmacht. Die Ruhe. Der Strand. Die Natur drumherum. Was will man mehr?

Wenn man schon mal hier ist, sollte man natürlich auch hindurch – durch das Tor, die Pforte, wie auch immer, und dann ab auf den Darß, wie die Halbinsel gern abgekürzt wird, die mit ihrem vollen Namen Fischland-Darß-Zingst heißt.

Sonnenuntergang mit Strandhafer.

Freiräume entdecken: am Strand, am Hafen, im Wald.

Mit dem Fahrrad fährt man sie hinauf, immer den Ostseeküstenradweg entlang, der hier besonders schön ist. Überhaupt macht Fahrradfahren auf der Halbinsel großen Spaß: Kaum Steigungen, schöne Strecken, auf jedem Stopp gibt es etwas zu entdecken. Wieck, Ahrenshoop, Born, Prerow, Zingst. Und wer nicht am Bodden auf dem Festland zurückwill, steigt auf das Schiff - das Fahrrad kommt mit - und sieht den Darß vom Wasser aus.

Abends guckt man der Sonne zu, wie sie direkt hinten links ins Wasser plumpst. Vom Dach des Hotels Fischland im Strandkorb zum Beispiel. Oder unten am Strand. Ein anderer hat vorher einen Saunagang absolviert - die Sauna liegt direkt in den Dünen - und steigt der untergehenden Sonne entgegen in das abkühlende Nass.

Spätestens jetzt möchte man eigentlich nie wieder weg. Eine kleine Zeitreise ist das Höchste an Bewegung. Dafür geht es einfach in den kleinen Raum kurz vor der Lobby, zu den Fotos aus vier Jahrzehnten. Bild für Bild wandelt sich das Hotel der DDR-Oberen in ein Luxushotel der Jetztzeit. In das Design aus den Siebzigern könnte man glatt versinken.

Der Rückweg am nächsten Tag führt über Ribnitz-Damgarten. Bekannt ist die Stadt am Bodden für ihr Bernsteinmuseum. Weniger bekannt ist sie dagegen für Lyonel Feininger. Der Bauhausmeister und Maler war Anfang des 20. Jahrhunderts dreimal in der Stadt und füllte emsig seinen Skizzenblock. Das Rostocker Tor sollte ihn als Motiv sogar sein Leben lang beschäftigen.

Seit Kurzem führt ein Rundgang auf Feiningers Spuren durch die Stadt. An zehn Stationen weisen Stelen auf Motive des Künstlers hin. Wer durch das rechteckige Loch schaut, nimmt die Perspektive des Malers ein. Doch wer die Stadt mit seinen Augen sehen will, der sollte verliebt sein. Denn das war Feininger, als er zum ersten Mal hier war - und die Zärtlichkeit für jene Julia Berg, später seine zweite Frau, übertrug sich unweigerlich auf die Stadt. »Findetage« nannten die Verliebten ihre Zeit in Ribnitz, an das beide zeitlebens mit Sehnsucht zurückdenken sollten. Und finden dürfte auch der heutige Besucher so einiges, wenn auch vielleicht nicht unbedingt seine große Liebe ...

FAZIT: VIEL RUHE, EIN HERRLICHER STRAND, INSPIRIERENDE AUSFLÜGE – EINE AUSZEIT IN DIERHAGEN TUT EINFACH GUT.

Hin & weg: Nach Dierhagen fährt ein Bus ab Ribnitz-Damgarten.

Beste Zeit: Ganzjährig schön und nicht überlaufen, aber am ruhigsten außerhalb der Saison.

Dauer & Strecke: Radtour am 1. Tag 6–8 Std., ca. 55 km; Tour durch Ribnitz am 2. Tag 1–2 Std., ca. 2 km.

Ausrüstung: Proviant, festes Schuhwerk, im Sommer Badesachen.

Wenn es Nacht wird: Das Hotel Fischland liegt gleich direkt hinter den Dünen (www.strandhotel-fischland.de).

DER ALLER-SCHÖNSTE SONNEN-UNTERGANG

#46

Wer den perfekten Sonnenuntergang am Meer erleben möchte, braucht zuallererst: einen Weststrand. Am besten auf einer Insel, denn dort fühlt man sich herrlich entrückt von der Welt. Hiddensee ist ideal!

#sonnenuntergangsverliebt #hintermHorizontgehtsweiter #Sundownermal2

Es war einmal ein Riese, der liebte den Sonnenuntergang so sehr, dass er für dieses Schauspiel die perfekte Tribüne schaffen wollte. Also nahm er ein paar Tonnen Sand und baute daraus eine große Sitzbank ins Meer. Ganz lang und schmal war sie, damit all seine Freunde darauf Platz fanden. Jeden Abend versammelten sich die Riesen darauf und guckten glücklich der Sonne beim Verschwinden zu. Irgendwann verschwanden auch sie selbst, aber die Tribüne überdauerte die Zeiten.

Diese Geschichte von der Entstehung Hiddensees ist natürlich frei erfunden. Beim Blick auf die Karte hat sie sich aufgedrängt. Denn anders lässt sich kaum erklären, warum sich dieser Traumstrand im Westen der Insel so gerade am Wasser entlang zieht und wirklich jedem einen perfekten Sonnenuntergang schenkt. Da muss doch einfach jemand seine Hände im Spiel gehabt haben. Vielleicht ja tatsächlich einer dieser Riesen, von denen es in den Sagen der Region nur so wimmelt.

Hin & weg: Nach Hiddensee mit der Fähre, etwa ab Schaprode oder Stralsund.

Beste Zeit: Ganzjährig.

Dauer & Strecke: Sonnenuntergangswanderung am 1. Tag 2 Std., ca. 7 km; Wanderung am Dornbusch am 2. Tag 2 Std., ca. 8 km.

Ausrüstung: Festes Schuhwerk, Proviant, Kamera oder Smartphone.

Wenn es Nacht wird: Am besten auf www.seebad-hiddensee.de unter dem Menüpunkt »Unterkunft« stöbern. Oder in Zum Klaußner auf dem Dornbusch einchecken (www.klausner-hiddensee.de). Hier spielt der Hiddensee-Roman »Kruso«, der das Thema der DDR-Flüchtlinge behandelt.

Zum Leuchtturm auf dem Dornbusch – und die Morgensonne genießen.

Aber was macht man nun mit der großen Auswahl an besten Plätzen für das allabendliche Naturschauspiel? Am besten verbindet man sie und wandert sie ab – eine Sonnenuntergangswanderung also. Mit Sundowner, versteht sich. Vielleicht etwas mit Sanddorn drin, denn den von Hiddensee besang schon Nina Hagen in ihrem Lied »Du hast den Farbfilm vergessen«. Apropos: Smartphone oder Kamera einstecken!

Wer im Norden wohnt, fängt im Süden an – und umgedreht. Dann immer den Strand entlang, oben auf der Promenade oder unten am Wasser und immer mal wieder stehen bleiben und den Blick über das weite Meer genießen. Nichts lenkt vom dramatischen Auftritt der Sonne ab.

Es ist noch gar nicht so lange her, da war der Blick nach Westen hier auf Hiddensee nicht nur romantischer Natur. Zu DDR-Zeiten war die Insel Durchgangsstation für Republikflüchtlinge, die dänische Insel Møn das Ziel. Wer abends in die Sonne schaute, sah vor allem, dass es hinter dem Horizont weitergeht. Heute kann man auf Führungen der DDR-Zeit auf Hiddensee nachspüren (www.seebad-hiddensee.de). Vielleicht morgen? Doch vor einer solchen Tour zurück in die Geschichte heißt es noch einmal Sonne tanken: Am Morgen geht es auf den Dornbusch zum Leuchtturm. Hochklettern und den Blick weit schweifen lassen über die Insel und das Meer. Schaprode auf Rügen erstrahlt im Licht der Morgensonne. Dort wird man später am Tag nach der Überfahrt womöglich am Hafen sitzen. Auch dies übrigens: ein Logenplatz für den Sonnenuntergang.

FAZIT: ES GIBT NATÜRLICH VIELE GRÜNDE, NACH HIDDENSEE ZU FAHREN. DER SONNENUNTERGANG IST EINER DER BESTEN.

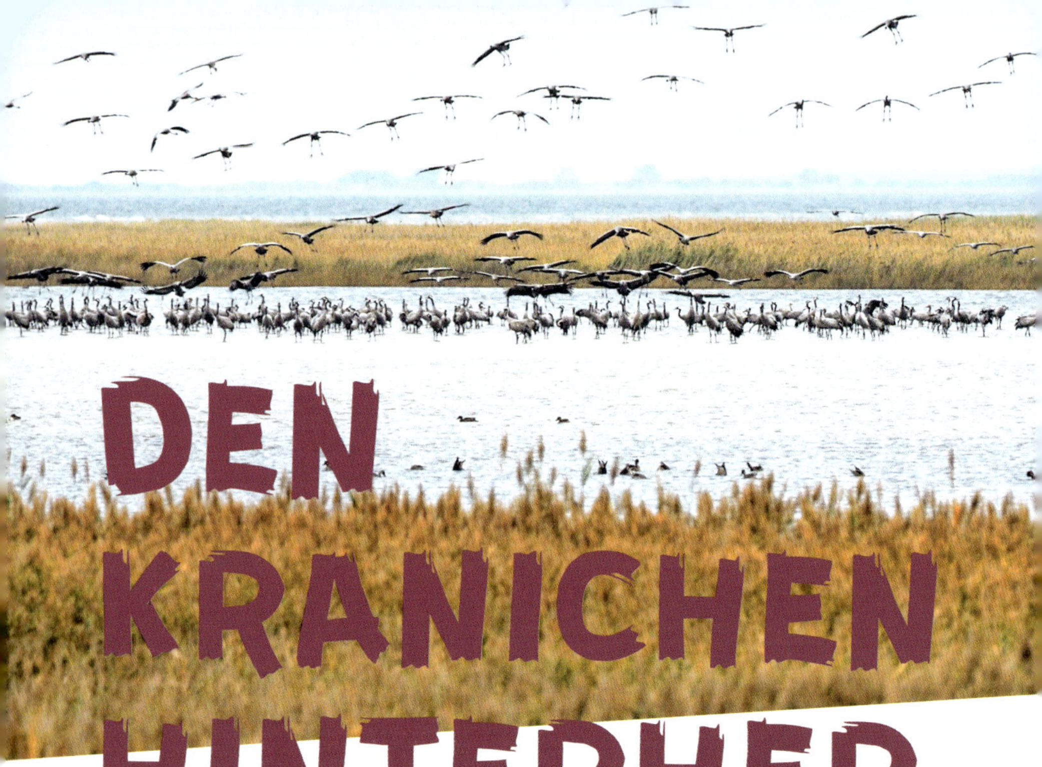

DEN KRANICHEN HINTERHER

... auf dem Zingst

#47

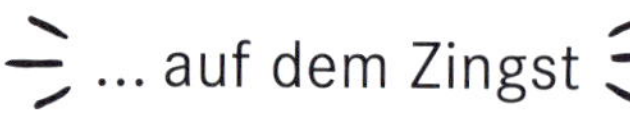

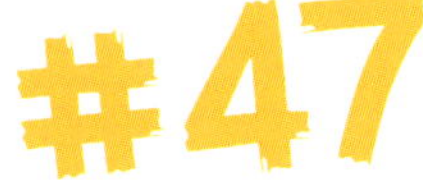

Bitte mal alle die Bucket-Listen rausholen und Folgendes notieren: Kranichrast in Pramort auf dem Zingst. Mit mindestens drei Ausrufezeichen dahinter. Denn dieses Naturschauspiel darf sich niemand entgehen lassen.

#FlashmobderKraniche #SafariFeeling #sovielGlückistnichtzufassen

→ MINIURLAUB

Infostelle auf Rädern: das Kranichmobil.

Ihre Rufe eilen ihnen voraus. Lange, bevor sie am Himmel zu sehen sind, schallt der Krach der Kraniche durch die Landschaft. Dann endlich entdeckt man sie. Mit majestätischem Flügelschlag schreiben sie große Vs in den Himmel, kommen näher und näher und landen schließlich, einer nach dem anderen, im flachen Wasser. Tausende sind es. Man sagt, die schönen Vögel brächten Glück – so viel Glück auf einmal ist kaum zu fassen.

Tatsächlich braucht der Zuschauer ein bisschen Glück. Denn selbst hier am größten Kranichrastplatz Mitteleuropas ist nicht garantiert, dass sich die Vögel in großer Zahl zeigen und noch dazu in Sichtweite niederlassen. Kranichegucken ist immer auch Glücksache. Das macht es so besonders. Bis zu 20 000 Kraniche hat der Mann vom NABU hier am östlichsten Zipfel des Zingst schon an einem Abend geschätzt. In dem Holzunterstand für

die Parkbesucher hat er ein gewaltiges Fernrohr auf die Tiere gerichtet. Wer will, darf durchspähen – und sieht eine Art Naturdoku, nur live. Da stehen sie dicht an dicht im flachen Wasser, mit dem grauen Gefieder und der leuchtend roten Scheitelplatte. So elegant, so groß, so erhaben. Und so weit weg. Mit bloßem Auge sind die bis zu 1,30 Meter großen Vögel im Wasser gerade mal zu erahnen.

Anders als bei so manch anderer Safari, wo die wilden Tiere schon mal auf Armlänge he-

Gutes Timing: Wenn die Kraniche im Herbst kommen, brunften auch die Hirsche.

rankommen, bleiben Kranichtouren immer auf Abstand. Der scheue Vogel braucht mindestens 300 Meter zwischen sich und dem Menschen. Sonst fühlt er sich gestört, fliegt auf – und verschwendet unnötig die angefutterte Energie, die doch bis Spanien reichen soll. Daher werden hier am Pramort nicht nur die Kraniche gezählt, sondern vor allem die Menschen, die kommen dürfen: 80, dann ist Schluss. Auch die Zeiten sind streng geregelt. Gegen sieben am Abend müssen die Zuschauer den Park verlassen und dürfen erst nach acht in der Früh wieder herkommen. Den morgendlichen Aufbruch der Kraniche kann man in Pramort also nicht erleben.

Dafür auf dem Deich an der Boddenküste, mit Blick auf die Vogelschutzinsel Kirr – wie Pramort ein bei Kranichen beliebter Schlafplatz. Schon auf dem Weg dorthin sind die Tiere zu hören. Durch ganz Zingst schallt das Trompeten der Frühaufsteher wie ein dringender Weckruf. Auf einmal erheben sich die Massen und brechen auf. Schnell geht das, sehr viel schneller als das Eintrudeln am Abend. Wer mag, kann den Kranichen auf die Felder auf dem Festland folgen, wo sie sich den Bauch vollschlagen mit allem, was von der Ernte übrig geblieben ist – Kraftstoff für die Reise in den Süden.

Abends geht es dann erneut Richtung Hafen. Auf dem Deich haben sich schon die Kranichgucker aufgestellt. Mit Kameras, Stativen, Ferngläsern stehen sie da und warten geduldig. Dicht an dicht, wie die Kraniche.

FAZIT: ES SOLL LEUTE GEBEN, DIE IHREN URLAUB NACH DEM KRANICHFLUG PLANEN. WER EINMAL HIER WAR, VERSTEHT WARUM.

Hin & weg: Ab Barth fährt Bus 210 nach Zingst-Zentrum.

Beste Zeit: Etwa Mitte September bis Ende Oktober.

Dauer & Strecke: Kranichtour nach Pramort: 3–4 Std., ca. 30 km. Ausflug aufs Festland mit dem Rad: 3–4 Std., 15–20 km.

Ausrüstung: Fernglas; wenn vorhanden: Kamera mit Teleobjektiv (kann auch im Max Hünten Haus ausgeliehen werden, (www.zingst.de/max-huenten-haus); Nationalpark-Card für Pramort (erhältlich in der Tourimusinformation im Kurhaus oder am Kontrollpunkt Sundische Wiese).

Wenn es Nacht wird: Das Schlösschen Sundische Wiese Zingst liegt auf halbem Weg nach Pramort (www.hotelschloesschen.de).

ENDLICH RUHE!

Mönche gaben Rügens östlichster Halbinsel einst ihren Namen. Hier brauten sie Bier, suchten Kräuter und fanden vor allem eines: Ruhe. Die Mönche sind lange weg – ruhig ist es auf Mönchgut, trotz gelegentlicher Geheimtipp-Hypes, aber noch immer.

#werbrauchtdenKönigstuhlwennerMönchguthat #perfektesHalbinselidyll

Schafe begrüßen den Wanderer auf dem Weg zum Nonnenloch. Dort angekommen, geht es über eine Holztreppe ans Meer.

Wo immer man sich auf Mönchgut einquartiert – zum Wasser sind es garantiert nur wenige Schritte. Denn die Halbinsel ist schmal und besteht aus verschiedenen Landzungen, die sich so genüsslich ins Wasser strecken, als wäre es eine riesige Eistüte. Besonders eindrucksvoll ist das vier Kilometer lange und 200 bis 500 Meter breite Reddevitzer Höft. Ein derber Plattenweg führt zur Zungenspitze, die den Radfahrer mit einem wilden Naturstrand belohnt. Rechts runter an den großen Findlingen vorbei – und bald ist man ganz allein. Es ist der Auftakt dieser kleinen Auszeit auf Mönchgut.

Auf dem Rückweg unbedingt in Alt-Reddevitz bei Ahoi Marie (www.ahoi-marie.eu) halten und auf dem Bootssteg ein Fischbrötchen genießen, während Beine und Seele um die Wette baumeln. Der Blick wandert über das Wasser nach Gager und zu den Zickerschen Alpen, den wohl niedlichsten Bergen der Erde. Dorthin geht es an Tag 2. Hinter der Kurver-

---

Hin & weg: Ab Bergen, Binz oder Sassnitz mit Bus 20 nach Gager.

Beste Zeit: Besonders schön im Frühjahr, wenn alles blüht.

Dauer & Strecke: Am 1. Tag ab Gager 24 km zu Fuß oder per Rad 4–6 Std.; am 2. Tag ab Gager 9 km wandern, ca. 16 km radeln 4–6 Std. (Bei Unterkunft in einem anderen Ort als Gager ändern sich die Distanzen entsprechend.)

Ausrüstung: Badesachen, Proviant, festes Schuhwerk, Mückenschutz.

Wenn es Nacht wird: Am besten zelten, zum Beispiel in Gager (www.moenchgut-camping.de), Lobbe (www.campingruegen.de) oder Thiessow (www.campingplatz-thiessow.de).

Campen ist auf Mönchgut immer eine gute Idee, wie hier in Gager.

waltung in Gager beginnt die Wanderung über die Berge. Schon nach wenigen Schritten steht man inmitten unwirklicher Blütenteppiche, die sich über sanfte Hügel legen. Trockenwiesen sind es: Viele der Blumen und Gräser wachsen sonst nur am Mittelmeer oder in Steppen, mehr als 90 stehen auf der Roten Liste der gefährdeten Arten. An Schafen und Feldern vorbei führt der Weg zum Nonnenloch und über eine steile Holztreppe runter an einen wilden Strand, an dem große Findlinge in der Sonne liegen wie andernorts Badegäste. Der perfekte Ort, um seinen Proviant auszupacken und die Ruhe zu genießen – auch hier sind selbst in der Hauptsaison nur wenige bis gar keine Menschen.

Zurück in Gager heißt es sich in den Sattel schwingen und zur Südspitze von Mönchgut radeln, erst Richtung Strand, dann parallel zum Meer durch den Wald. In Thiessow rauf auf den Lotsenturm, und anschließend weiter am Meer entlang und zum unbewachten Naturstrand, den man fast für sich hat.

FAZIT: VIELE SAGEN, RÜGEN SEI AUF DEM MÖNCHGUT AM SCHÖNSTEN. VERSTÄNDLICH. DIESE AUSBLICKE, DIESE RUHE.

Nach dem Sonnenbad geht es weiter Richtung Klein Zicker. Das Rad sollte man hier einfach mal stehen lassen, um die kleine Halbinsel auf dem Wanderweg zu umrunden – denn die Ausblicke von der Steilküste hinunter auf das Meer sind einfach fantastisch. Von Klein Zicker geht es nach Groß Zicker. In der Hauptstraße unbedingt vom Rad steigen und mit Muße durch den Ort spazieren – vorbei an hübschen reetgedeckten Häusern, die andächtig den Blick auf das Wasser zu genießen scheinen, mit sanft wiegenden meterhohen Stockrosen in den Vorgärten. Was für eine Idylle!

SPUR DER STEINE

#49

Sie sind besonders groß oder besonders viele. Sie wurden zu erstaunlichen Grabanlagen arrangiert oder liegen einfach malerisch im Meer rum: Steine faszinieren auf Rügen an vielen Orten. Eine Tour zu Findlingen in XXL – und zu einem Meer aus Steinen.

#finddenFindling #StonehengevonRügen #MeerausSteinen

Meerjungfrauen sollen auf dem Stein schon getanzt haben. Und Hexen in der Walpurgisnacht. Meist sind es aber nur ein paar Kormorane, die sich auf dem gigantischen Findling versammeln und ihre Flügel zum Trocknen in die Sonne hängen. Mit einem Gewicht von 550 Tonnen und einem Volumen von 206 Kubikmetern ist der Buskam, der etwa 300 Meter vor dem Strand von Göhren im Wasser liegt, der größte Findling an der deutschen Küste.

Von Göhren geht es auf dem Rad nach Lancken-Granitz, wo die Steinzeitmenschen einst Dutzende Findlinge zu beeindruckenden Großsteingräbern zusammenschoben. Sieben dieser »Dolmen« lassen sich bei einem kleinen Spaziergang entdecken – das bretonische Ursprungswort bedeutet »Steintisch«; sie sehen tatsächlich ein bisschen so aus, mit der

Große Steine liegen auf Rügen gern mal träge am Strand. Manche wurden einst zu Großsteingräbern arrangiert, wie etwa bei Lancken Granitz (Bilder links).

großen Platte, die sich über die im Rechteck arrangierten Steine schiebt. Bei der nächsten Station dieser Tour sind die Steine weder besonders groß, noch wurden sie auf besondere Weise arrangiert: Sie liegen einfach nur rum. Aber dafür sind es ziemlich viele: Über 40 Hektar erstrecken sich die Feuersteinfelder bei Mukran, die vor ca. 4000 Jahren durch heftige Sturmfluten entstanden. Ein Meer aus Steinen!

Weiter geht es auf den Jasmund. Berühmt ist der Nationalpark natürlich für die Kreide, die hier hübsche Felsen bildet. Doch in den Wäldern und an den Stränden liegen auch ein paar der größten Findlinge der Insel. Andere wurden durch Mythen und Sagen überhöht, wie etwa der Waschstein am Königstuhl oder der Opfer- und Sagenstein am Herthasee.

Vom Schwanenstein bei Lohme heißt es zum Beispiel, hier kämen die Kinder her, die der Storch (im Sommer) und der Schwan (im Winter) bringen. Am besten sucht man sich in Lohme ein Quartier und wandert zu diesem Stein – in der Dämmerung entfaltet er eine ganz besondere Aura.

Am nächsten Tag geht es zum zweit- und drittgrößten Findling Rügens (bei Nardevitz auf dem Feld und bei Blandow) und dann weiter über die Schaabe, die 12 Kilometer lange Nehrung zwischen den Halbinseln Jasmund und Wittow. Kurz hinter Juliusruh, direkt am Hochuferweg und nur wenige Meter von der Steilküste der Tromper Wiek entfernt, liegt »Rügens Stonehenge«, das Großsteingrab bei Nobbin – 39 von einst 53 Findlingen formen die Anlage, die auf dem Boden ein Trapez beschreibt und insgesamt 34 Meter lang ist. Es ist eines der größten Steingräber Norddeutschlands und einer dieser Orte, an dem man meint, eine besondere Energie zu spüren.

Von hier geht es weiter zum Kap Arkona, an den drei großen Türmen vorbei zur Steilküste und hinunter zum Siebenschneiderstein am Gellort, einem 1,80 Meter hohen und 6,40 Meter langen Felsblock am Strand. Bei gutem Wetter einfach hochklettern und die Sicht auf die See genießen. Den Stein spüren. All die Jahre, all die Geschichten. Jetzt kommt noch die eigene dazu.

FAZIT: FINDLINGE WIE PERLEN AN EINER SCHNUR – UND NEBENBEI BEKOMMT MAN EINEN WUNDERBAREN ÜBERBLICK ÜBER DIE INSEL.

Hin & weg: Nach Göhren ab Binz mit dem Bus oder der Schmalspurbahn Rasender Roland; an der Seebrücke starten; zurück ab Kap Arkona mit dem Bus; die Radstrecke folgt zwischen Binz und Lohme sowie Glowe und Kap Arkona dem Ostseeküstenradweg (bis auf den Abstecher zu den Feuersteinfeldern bei Mukran); also einfach an die Schilder halten.

Beste Zeit: Ganzjährig (die Busse fahren allerdings nur von Mitte Mai bis Mitte Oktober mit Radanhänger).

Dauer & Strecke: Von Göhren bis Lohme am 1. Tag 5–6 Std., ca. 43 km; von Lohme bis Kap Arkona am 2. Tag 3–4 Std., etwa 28 km.

Ausrüstung: Fahrrad, Proviant, festes Schuhwerk.

Wenn es Nacht wird: Am besten in Lohme übernachten; vom ADFC als fahrradfreundlich empfohlen wird das Panorama Hotel Lohme (www.panorama-hotel-lohme.de).

PILGERN AUF PROBE

... von Swinemünde nach Lassan

Auf den Jakobsweg kann man sich auch im Norden Deutschlands begeben: Die Via Baltica führt über Greifswald, Rostock und Wismar – und bietet schöne Teststrecken für alle, die noch nicht wissen, ob sie tatsächlich zum Pilgern geschaffen sind. Zum Beispiel diese auf Usedom.

Von Swinemünde bis Santiago sind es 3382 Kilometer. Wer 25 bis 30 Kilometer pro Tag läuft, wäre in etwa vier Monaten da. Doch so weit geht es zum Glück nicht bei diesem Pilgern auf Probe. Nicht die Kathedrale in Galicien ist das Ziel, sondern die Stadtkirche in Lassan. 50 Kilometer in zwei Tagen – das klingt machbar.

An der König-Christus-Kirche in Swinemünde geht es los. Ab hier weist die gelbe Jakobsmuschel auf blauem Grund den Weg. Nach einer Stunde Pilgern ist die Grenze erreicht; hinter dem Torfkanal geht es auf der deutschen Seite Usedoms weiter. Der Weg führt am Golm vorbei, einem der größten Friedhöfe für Kriegsopfer des Landes. An der Gedenkstätte sollte man etwas verweilen.

Weiter geht es Richtung Stettiner Haff und am Flughafen vorbei. Vielleicht wünscht man sich beim Blick auf das Rollfeld, Flügel zu haben wie die kleinen Propellermaschinen. Denn die ersten zehn Kilometer stecken spürbar in den Beinen. In der Sankt-Jacobi-Kirche in Zirchow – das Altargemälde zeigt Jesus als Schmerzensmann – können sie sich eine Weile ausruhen: Die Hälfte des Weges für heute wäre geschafft. Über eine stillgelegte Eisenbahntrasse führt der Pilgerweg später, und

---

Hin & weg: Nach Swinemünde mit dem Zug oder der Fähre; die Via Baltica ist in der Regel ausgeschildert; zur Sicherheit Karte besorgen.

Dauer & Strecke: 2 Tage; pro Tag 6–8 Std., 25 km.

Ausrüstung: Festes Schuhwerk, Rucksack, Proviant.

Wenn es Nacht wird: Wer in einer Pilgerherberge unterkommen möchte, besorgt sich vorher einen Pilgerbrief; an sonstigen Unterkünften gibt es zum Beispiel in Stolpe eine Öko-Pension (www.stolperhof.de).

Die Jakobsmuschel weist den Weg. Unterwegs: Moorlandschaft hinter der Zecheriner Brücke und Rast am Stadttor in Usedom.

tatsächlich fühlt man sich hier, im Hinterland der Insel, ein bisschen wie abgeschnitten vom Rest der Welt. In Stolpe ist das Ziel für den Tag erreicht, selig bezieht man das vorher gebuchte Quartier. Wer wie ein Pilger eine Herberge sucht, läuft weiter bis zum Pfarrhaus in Usedom (vorher telefonisch anmelden, Infos unter www.usedom-kirche.de).

Am nächsten Tag geht es über Usedom mit der gotischen Marienkirche Richtung Haff. In Karnin stehen die Reste der Brücke im Wasser, über die bis zu ihrer Zerstörung im Krieg die Züge auf die Insel rollten. Auf das Festland geht es über die Zecheriner Brücke und weiter durch den Lassaner Winkel, ein verträumtes Stückchen Erde.

»Himmelsaugen« nennt man die kleinen Seen hier; an dem einen oder anderen geht es vorbei. Es fühlt sich immer mehr wie Pilgern an, dieses Dauerwandern mit Gepäck durch unaufgeregte Landschaft. Die Distanzen verlieren, vieles andere gewinnt an Bedeutung. Und irgendwann ist man in Lassan, einer Kleinstadt mit einem ganz besonderen Charme, wie der müde Probepilger erfährt, wenn er in der Lassaneria, dem Bio-Café am Markt, von der rührigen Kellnerin freundlich umsorgt wird. Am besten folgt man ihrem Rat und lässt sich in dem kleinen Garten hinter dem Haus auf einer Bank nieder. Langsam kommen die Kräfte zurück.

Man könnte von hier noch in den romantischen Duft- und Tastgarten nach Papendorf (www.mirabellev.de) wandern. Zumindest aber sollte man runter in den Hafen und den Blick über das Wasser gleiten lassen. Wie es wohl wäre, wenn man weiterlaufen würde, weiter, immer weiter? Vermutlich haben die Füße, die schon am Kai über dem Wasser baumeln, eine andere Meinung als der Kopf ...

FAZIT: SPIRITUELLE HÖHENFLÜGE WIRD MAN IN ZWEI TAGEN VIELLEICHT NICHT ERFAHREN, DAFÜR ABER EINIGE SEHR RUHIGE ECKEN ENTDECKEN.

SUCHE NACH VINETA

... auf Usedom und Wolin

Die größte Stadt Europas soll einst Vineta gewesen sein. Dann hat der Hochmut der Bewohner die reiche Handelsstadt zu Fall gebracht, heißt es in Sagen. Doch wo genau lag dieser Ort? Eine Spurensuche auf Usedom.

#schönerscheitern #polnischerAbgang #einTagHobbyArchäologe

»Vinetabrücke« nennt sich die Seebrücke in Zinnowitz. Doch das einzige, das hier verlässlich aus den Fluten auftaucht, ist die Tauchergondel.

Vielleicht muss man nur lange genug auf die Stelle schauen. So wie bei diesen Magic-Eye-Büchern aus den 90ern, in denen sich aus bunten Mustern plötzlich Figuren in 3-D erheben. Vielleicht steigt auch dieses rätselhafte Vineta dann aus den flachen Wellen heraus? Hier bei Koserow auf der Bank unter den hohen Bäumen mit dem Meer zu Füßen kann man es zumindest eine Weile aushalten. »Vinetablick« heißt der Ort. Die Ersten, die sich im 16. Jahrhundert auf die Suche nach dieser sagenumwobenen untergegangenen Stadt machten, die nach 1170 nirgends mehr erwähnt wurde, verorteten sie hier vor Koserow, dann etwas weiter nördlich vor Damerow. Noch weiter nördlich, in Zinnowitz, findet

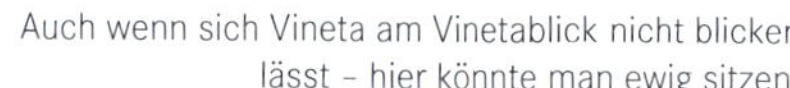
Auch wenn sich Vineta am Vinetablick nicht blicken lässt – hier könnte man ewig sitzen.

Profi im Untergehen: U-Boot in Peenemünde.

man dann tatsächlich ein bisschen Vineta. »Vineta« steht über der Seebrücke. Vineta ist auch Thema der Theaterstücke der gleichnamigen Festspiele, die seit 1997 in Zinnowitz veranstaltet werden. Man könnte gucken, ob es noch Karten für den Abend gibt. Und sich dann weiter auf die Suche nach dem echten Ort machen, Richtung Norden. Landkarten von 1633 und 1700 zeichnen das versunkene »Wineta« nämlich nahe des Ruden ein, der kleinen Insel, die zwei Kilometer vom Festland entfernt in der Ostsee liegt. Hier ist in der Allerheiligenflut von 1304 so einiges versunken, warum nicht auch Vineta? Als man Anfang des 20. Jahrhunderts am Peenemünder Haken auch noch ein paar alte Goldringe von Wikingern fand, wähnte man sich auf der richtigen Spur, konnte sie aber nie erhärten.

Auch heute wird das schwierig, denn der Norden Usedoms ist gesperrt. Im früheren Militärgebiet brüten nun seltene Vögel. Stattdessen also nach Peenemünde und einem anderen Untergang auf die Spur kommen: dem des »tausendjährigen Reiches«. Die Nazis bauten hier ihre Heeresversuchsanstalt und entwickelten die vermeintlichen Wunderwaffen V1 und V2. Die Anlage ist heute ein Museum.

Am nächsten Tag geht es auf die polnische Insel Wolin und in die gleichnamige Stadt. Wie Zehntausende Einzelfunde belegen, befand sich hier vom 10. bis 12. Jahrhundert ein bedeutender Handelsplatz. Aber war es tatsächlich Vineta, das doch der Sage nach in den Fluten der Ostsee versank? Wolin liegt zwar am Wasser, nämlich an einem Mündungsarm der Oder, aber nicht am Meer.

Wie dem auch sei, es gibt einiges zu entdecken in Wolin: die Hügelgräber auf dem Galgenberg, das Wikinger-Freilichtmuseum und nicht zuletzt die wunderbar deftige polnische Küche. Auch wenn man nicht fand, wonach man suchte: Über gefüllten Teigtaschen mit Sauerkraut und Pilzen fühlt man sich dann doch irgendwie angekommen ...

Jüngste Theorien verorten Vineta übrigens gar nicht auf Usedom, sondern im Städtchen Barth vor dem Zingst. Aber das ist wieder eine andere Geschichte.

FAZIT: WER VINETA AUF USEDOM SUCHT, FINDET VIELES ANDERE: SCHÖNE MEERBLICKE, NAHEZU UNBERÜHRTE NATUR, SPANNENDE AUSGRABUNGSSTÄTTEN. UND GUTES ESSEN.

Hin & weg: Am 1. Tag mit der Bahn von Zinnowitz nach Peenemünde; am 2. Tag mit der Bahn von Zinnowitz über Swinemünde bis Wolin.

Beste Zeit: Ganzjährig ein Erlebnis.

Dauer & Strecke: Am 1. Tag 5–6 Std., ca. 20 km per Rad und zu Fuß; am 2. Tag 5–6 Std., ca. 3 km zu Fuß und Bahnfahrt.

Ausrüstung: Geduld, Fantasie, gutes Schuhwerk.

Wenn es Nacht wird: Passend zum Thema die Vineta Hotels in Zinnowitz (www.vineta-hotels.de).

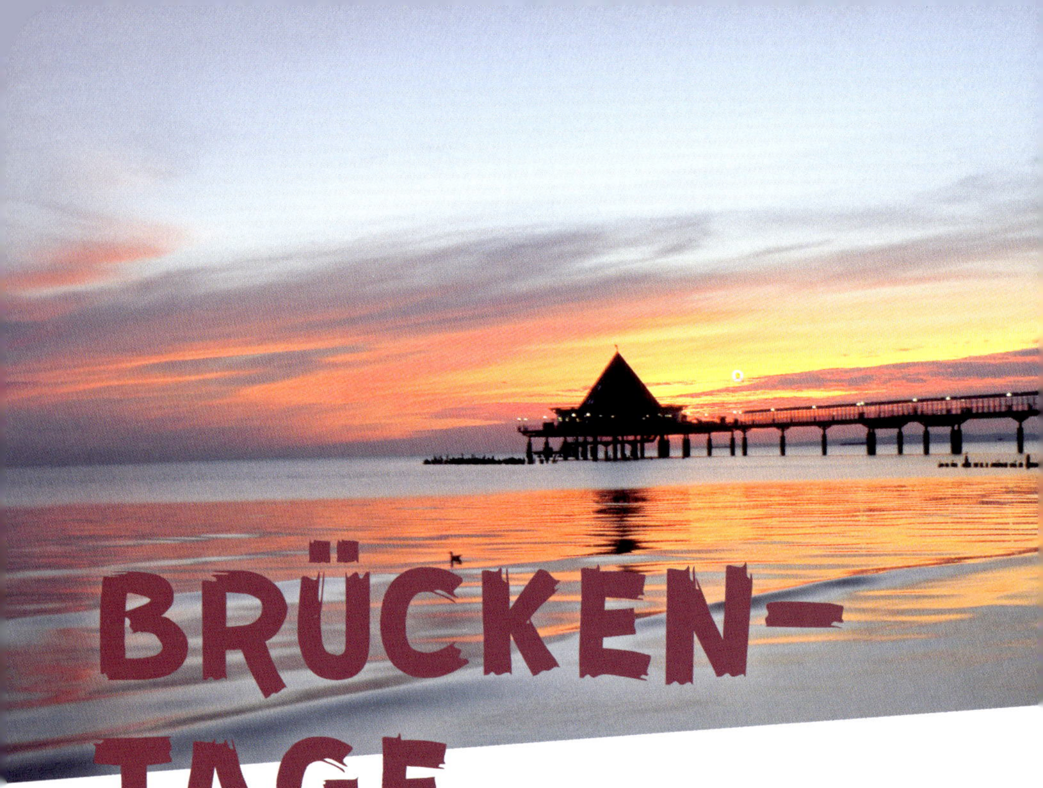

BRÜCKEN-TAGE

... auf Usedom

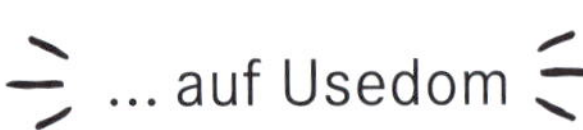

#52

Usedoms Seebrücken sind legendär. Weil sie besonders lang, besonders schön oder besonders alt sind. Daneben aber gibt es noch ein paar andere spannende Brücken zu entdecken.

#überWassergehen #Abstandgewinnen #TimetosayGoodbye

Wer die Seebrücke in Heringsdorf für sich haben will, muss früh aufstehen.

Komische Konstrukte sind sie schon, diese Seebrücken. Tun so, als könnte man auf ihnen bis zum Horizont laufen, aber machen auf dem Weg dorthin selbst schnell schlapp. Immerhin kann man hier über Wasser gehen, ohne nasse Füße zu bekommen. Es bleibt aber die bange Frage: Wohin nur führen diese Brücken eigentlich?

Tatsächlich erschließt sich ihre wahre Bestimmung schwer, so selten, wie Schiffe an diesen überlangen Stegen anlegen. Heute ist ihre Funktion eher eine andere: Sie markieren den Übergang vom Alltag zur Auszeit. Helfen, Abstand zu gewinnen, und bieten eine neue Sicht auf die Dinge. Auch nicht unwichtig: Auf ihnen kommt man dem Meer auf intime Art nah, ohne sich ausziehen zu müssen. Nicht ohne Grund führt der erste Gang am Meer meistens rauf auf die Seebrücke.

Fünf davon hat Usedom – zwei bieten echte Superlative. So hat Heringsdorf die längste Seebrücke Deutschlands; 508 Meter führt der

Neubau mit viel Stahl und Glas hinaus auf das Meer. Und Deutschlands älteste, vielleicht auch schönste, liegt gleich nebenan in Ahlbeck: 1882 wurde die Plattform gebaut. Am besten erkundet man die Seebrücken Usedoms am frühen Morgen und steht schon mit der Kaffeetasse in der Hand drauf, wenn die Sonne noch hinter dem Horizont pennt. Denn die geografische Lage der Insel macht die Brücke zum besten Logenplatz für den Sonnenaufgang. Vielleicht sind sogar ein paar Wölkchen da und sorgen für dramatische Farbenräusche.

Morgens und abends besonders schön: Seebrücke Ahlbeck mit den weißen Türmchen und die Seebrücke Heringsdorf, auf der man 508 Meter weit übers Meer laufen kann.

Später am Tag geht es per Rad zu anderen Brückenbauten. Zur Karniner Brücke im Stettiner Haff zuerst. Bis zum Krieg rollten hier die Züge ab Berlin auf die Insel, zuletzt 52 pro Tag. Fahrtzeit: 2,5 Stunden. Heute fährt man über Wolgast und fast doppelt solange. Von der 1945 gesprengten Brücke steht nur noch der Hubteil im Wasser: ein Monster aus Stahl, eine eiserne Antwort auf Nessie.

Etwas weiter führt die Zecheriner Brücke über den Peenestrom und in ein unwirkliches Zwischenland. Totes Holz reckt sich aus dem Moor gen Himmel und bietet Nistplatz für verschiedenste Vögel. Von dem kleinen Holzturm direkt am Radweg sind sie gut zu beobachten. Mit etwas Glück kann man Seeadler sehen.

Am nächsten Tag geht es noch ein bisschen weiter als bis zur Seebrücke. Auf das Schiff nämlich: zum Seebrücken-Hopping! Ein eigenartiges Gefühl, die Brücken hinter sich zu lassen, über die man bisher doch nie hinauskam. Auf dem Schiff wächst der Abstand zwischen sich und der Welt. Die Brücke selbst schrumpft zum Streichholz.

Wenn der Abschied naht, geht es wieder auf die Seebrücke. Es gibt keinen besseren Ort, dem Meer »Auf Wiedersehen« zu sagen. Noch einmal bis an das Ende der Brücke laufen, den Blick weit schweifen lassen und am Horizont einhaken. Tief Luft holen. Und irgendwann bereit sein für den Rückweg. Wie ein riesiger Zeigefinger wirkt die Seebrücke jetzt, einer, der freundlich den Weg weist: nach Hause.

Mit den Möwen auf Augenhöhe.

FAZIT: WAS WÄREN DIE SEEBÄDER OHNE IHRE SEEBRÜCKEN? ZEIT, IHRER ARCHITEKTUR UND GESCHICHTE ZU HULDIGEN!

Hin & weg: Mit dem Zug nach Heringsdorf. Für die Seebrückentour mit dem Rad (usedomrad.de) bis Zinnowitz; von dort mit dem Zug bis Ahlbeck; von Ahlbeck nach Heringsdorf wieder per Rad. Seebrücken-Hopping, etwa als Mini-Kreuzfahrt von Heringsdorf bis Zinnowitz: www.adler-schiffe.de

Beste Zeit: Frühjahr-Herbst.

Dauer & Strecke: Radtour zu den Seebrücken inkl. Bahnfahrt 3–4 Std.; ca. 20 km (per Rad); Radtour ab der Stadt Usedom zur Karniner Brücke 1–2 Std., ca. 17 km; Schifffahrt 3–4 Std.

Ausrüstung: Proviant, Badesachen, Fernglas fürs Birdwatching.

Wenn es Nacht wird: Zum Beispiel in Heringsdorf in der schönen Villa Dorothea (www.villa-dorothea.de).

SONST NOCH WICHTIG

Ein- und Überblick

Karten für den schnellen Überblick, praktische Tipps, mehr über die Autorin sowie ein Ortsregister zum schnellen Nachschlagen gibt es auf den folgenden Seiten.

GPX-Download aufs Smartphone – so geht's

Voraussetzung:

Eine Outdoor-App muss installiert sein, z. B. KOMPASS, Outdooractive oder komoot. Zum Einlesen des QR-Codes benötigen Android-Geräte eine QR-Code-App. Bei IOS-Geräten ist diese Funktion in der Kamera integriert.

Daten downloaden:

1. Den QR-Code einlesen oder die Webadresse im Browser eingeben, um auf die Eskapaden-Website zu gelangen.
2. Die gewünschte Tour zum Download anklicken.
3. Bei IOS-Geräten werden die GPX-Daten direkt mit der vorab installierten App verknüpft. Bei Android-Geräten muss ggf. noch ein Weiterleiten-Button geklickt werden (z. B. oben rechts im Display). Manche Apps zeigen den Tourverlauf starr an, andere haben eine Navigationsfunktion dabei.

Tourenverlauf

GPX-Daten zum kostenlosen Download www.dumontreise.de/eskapaden/mecklenburg vorpommern-ostsee

short.travel/a6hnc

uf den folgenden Seiten: Die Eskapaden in drei
Übersichtskarten entlang der Ostseeküste. Die
Ziffern stehen für die Eskapaden-Nummern.

OSTSEE
Prerow
Darß
Zingst
Barth
Ahrenshoop
Saaler
Bodden
Müritz
Graal-Müritz
Ribnitz-Damgarten
Nienhagen
Warnemünde
Ostseebad
Kühlungsborn
Marlow
Rerik
Bad Doberan
Rostock
Bad Sülze
Tribsees
Kröpelin
Sanitz
Neubukow
Tessin
20 km

33
Putgarten
46
32
46
Trent
Hiddensee
34
15
35
35
Sassnitz
OSTSEE
96
16
36
Binz
Kubitzer
Bodden
Bergen auf Rügen
Rügen
49
14
96
Samtens
Putbus
196
48
Stralsund
Garz
Greifswalder
105
96
Bodden
18
51
19
17
Grimmen
Lubmin
Peenemünde
51
39
51
20
109
Greifswald
Zempin
Wolgast
Krummin
Koserow
20
Achter-
10 km
Usedom
38
wasser
Loitz
Liepe

NOCH MEHR ESKAPADEN ...

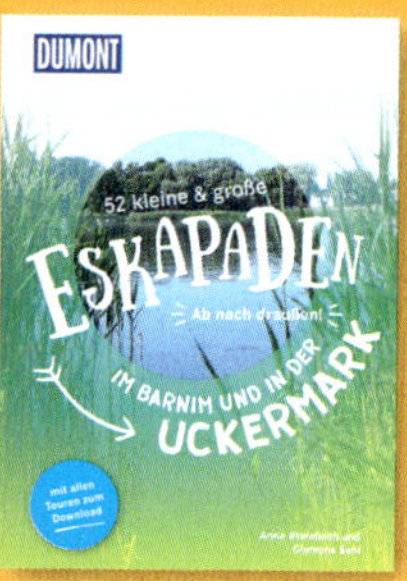

ISBN 978-3-7701-8083-7 ISBN 978-3-7701-8084-4 ISBN 978-3-616-11007-3

IMPRESSUM

Reihenkonzept Monique Sorban

Projektmanagement Svenja Heinle, Monique Sorban

Cover-/Buchgestaltung und Illustrationen Carolin Weidemann, Köln, www.weidemann-design.com

Lektorat & Produktion Verlagsbüro Wais & Partner (Melanie Kattanek, Beate König, Julia Rietsch, Kai Wieland), Stuttgart, www.wais-und-partner.de

Fotos Cornelia Jeske, Berlin, www.zweikuesten.de; mit folgenden Ausnahmen: DuMont-Bildarchiv: Olaf Meinhardt (S. 12 o., 12 r., 34, 64, 214), Johann Scheibner (S. 151), Roland E. Jung (S. 194); stock.adobe.com: C. Plischek (Cover), etfoto (S. 34), pusteflower9024 (S. 144); Photocase.de: wronge57 (S. 147 o.), püzz (S. 152), ricok69 (S. 168); mauritius images: Westend61/Martin Siepmann (S. 90); Binz Tourismus (S. 70 r., 72 o.); Usedom Tourismus GmbH/Andreas Dumke (S. 167 l., 210 r.); Christian Thiele/TZR (S. 150 u., 206 o.); Christina Hoba, karlshagen.de (S. 82 u., 85); Günther Hoffmann, Bugewitz (S. 94, 96)

Kartografie Madlen Keilhauer, Oliver Rau; © MAIRDUMONT, Ostfildern, unter Verwendung von Kartendaten von © OpenStreetMap-Mitwirkende, Lizenz CC-BY-SA 2.0

Printed in Poland

4. Auflage 2022

ISBN 978-3-7701-8092-9

www.dumontreise.de

Gut zu wissen …

Strandhygiene

Was Mikroplastik im Meer Schlimmes anstellt, ist inzwischen hinlänglich bekannt. Dass jeder selbst etwas dagegen tun kann, offenbar weniger. Sonst würde nicht so viel Müll an den Stränden herumliegen – und der gelangt von dort nun mal schnell ins Meer. Besonders tückisch übrigens: Zigarettenkippen! Siehe auch Eskapade #12.

Geschmacks-sachen

Wie schmeckt die Küste? Nach Fisch natürlich. Und nach Sanddorn. Doch der Fisch passt nicht nur prima aufs Brötchen, sondern auch in die Suppe (#7). Sanddorn, die Zitrone des Nordens, sonst eher für ziemlich gesunde Säfte zerquetscht, ersetzt im Cocktail ganz wunderbar die Limette (#18).

Ohne Auto

Alle Eskapaden sind mit Bus und Bahn zu erreichen. Mit der Kurkarte spart man in manchen Regionen das Geld für den öffentlichen Nahverkehr (vor Ort nachfragen!). Manche Busse nehmen sogar das Rad huckepack: Auf Rügen und Fischland-Darß-Zingst verkehren im Sommer Linienbusse mit Fahrradanhängern: Der RADzfazbus hat Platz für zwölf Fahrräder. Doch nicht immer muss das Rad mit: Einige ÖPNV-Tickets kommen mit dem Code für ein Leihfahrrad daher, das direkt vor dem Bahnhof steht. Also immer auf das Kleingedruckte achten!

Sicherheit & Notfälle

Kleine Flaggenlehre: Blaue Fahne am Strand heißt »Daumen hoch«, es darf gebadet werden; rote Fahne: »Daumen runter«; gelb: Kinder, Senioren und Schwimmanfänger bleiben besser im Sand; und rot-gelb: der Strand ist bewacht. Bei Notfällen immer 112 anrufen (gebührenfrei), Feuerwehr und Rettungsdienste werden so alarmiert.

Weiterlesen

Die Zeitschrift »Dünenzeit Ostsee« erscheint zweimal im Jahr – mit Reportagen und Tipps zur jeweils passenden Jahreszeit. Eine schöne Lektüre sind auch die Magazine der Fremdenverkehrsämter von Usedom und Rügen.

ESKAPADEN-REGISTER ...

Alle Orte mit Seitenverweisen

… über die Autorin

Am Strand liegen ist nicht so ihr Ding. Cornelia muss laufen. Mit den Füßen im Wasser und dem Gesicht in der Sonne. Das macht den Kopf frei und … glücklich! Auf einer dieser Strandwanderungen an der Ostsee muss sie ihr Herz verloren haben, denn die Berliner Reisejournalistin und Buchautorin fährt immer wieder dorthin zurück. Nicht, um es zu suchen, sondern um anderes zu finden. Geschichten, Gesprächspartner – Gründe, zu bleiben. Aber auch: den schönsten Meerblick, die besten Beachbars, das leckerste Fischbrötchen … Über ihre Entdeckungen schreibt sie in Zeitungen und Magazinen, vor allem aber auf »Zweiküsten«, ihrem Onlinemagazin für Nordsee und Ostsee (www.zweikuesten.de).

Knipsen war gestern

Eskapade #31: Schritt für Schritt zum besseren Fotografen – und das ganz ohne teuren Fotokurs? Das geht. In Zingst. Leihkamera und spannende Motive gibt es sogar gratis dazu.

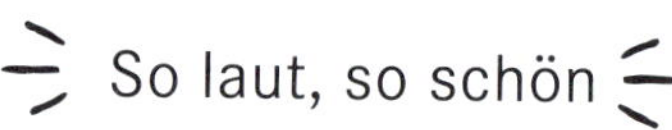

So laut, so schön

Eskapade #47: Ein Kranich kommt selten allein – tatsächlich sind es Hunderte, Tausende, Zehntausende, die man in Pramort auf dem Zingst beim Landeanflug beobachten kann. Was für ein Erlebnis! Was für ein Krach!

5 BESONDERE EMPFEHLUNGEN ...

Wellenreiten per E-Bike

Eskapade #41: Wenn die Landschaft der Ostsee zeigen will, was eine Welle ist, sollte man das E-Bike dabeihaben. Damit wird jeder Hügel zum Vergnügen!

Neben der Spur

Eskapade #25: Ein Wettrennen per Rad mit einer ziemlich betagten Dame – klar, wer da den Kürzeren zieht! Wirklich? Auf dieser Tour ist dann doch alles etwas anders.

Schön schaurig

Eskapade #6: Sich im Wald zu gruseln, ist eigentlich keine große Kunst. Sich im Gespensterwald zu gruseln aber schon. Denn der ist eigentlich viel zu schön für düstere Gedanken.